/ 100 位

为新中国成立作出突出贡献的英雄模范人物/

段 德 昌

孙业宏/编著

★

吉林文史出版社

图书在版编目（CIP）数据

段德昌 / 孙业宏编著. -- 长春：吉林文史出版社，
2011.4（2022.4重印）
（100位为新中国成立作出突出贡献的英雄模范人物）
ISBN 978-7-5472-0563-1

Ⅰ．①段… Ⅱ．①孙… Ⅲ．①段德昌（1904～1933）—
生平事迹 Ⅳ．①K825.2

中国版本图书馆CIP数据核字(2011)第050786号

段德昌

DUANDECHANG

编著/ 孙业宏

选题策划/ 王尔立　责任编辑/ 王尔立

装帧设计/ 韩璘

出版发行/ 吉林文史出版社

地址/ 长春市福祉大路5788号　邮编/ 130118

电话/ 0431-81629363　传真/ 0431-86037589

印刷/ 天津海德伟业印务有限公司

版次/ 2011年4月第1版 2022年4月第6次印刷

开本/ 640mm×920mm　1/16

印张/ 9　字数/ 100千

书号/ ISBN 978-7-5472-0563-1

定价/ 29.80元

100 位

为新中国成立作出突出贡献的英雄模范人物／

八女投江	于化虎	小叶丹	马本斋	马立训	方志敏
毛泽民	毛泽覃	王尔琢	王尽美	王克勤	王若飞
邓萍	邓中夏	邓恩铭	韦拔群	冯平	卢德铭
叶挺	叶成焕	左权	诺尔曼·白求恩		任常伦
关向应	刘老庄连	刘伯坚	刘志丹	刘胡兰	吉鸿昌
向警予	寻淮洲	戎冠秀	朱瑞	江上青	江竹筠
许继慎	阮啸仙	何叔衡	佟麟阁	吴运铎	吴焕先
张太雷	张自忠	张学良	张思德	旷继勋	李白
李林	李大钊	李公朴	李兆麟	李硕勋	杨殷
杨子荣	杨开慧	杨虎城	杨靖宇	杨闇公	萧楚女
苏兆征	邹韬奋	陈延年	陈树湘	陈嘉庚	陈潭秋
冼星海	周文雍、陈铁军夫妇		周逸群	明德英	林祥谦
罗亦农	罗忠毅	罗炳辉	郑律成	恽代英	段德昌
贺英	赵一曼	赵世炎	赵尚志	赵博生	赵登禹
闻一多	埃德加·斯诺		夏明翰	格里戈里·库里申科	
狼牙山五壮士		聂耳	郭俊卿	钱壮飞	黄公略
彭湃	彭雪枫	董存瑞	董振堂	谢子长	鲁迅
蔡和森	戴安澜	瞿秋白			

前　言

　　每个人的心中都多少有一点英雄情结，都向往英雄、景仰英雄。也正因此，在中华人民共和国建国六十周年之际，由中央十一部委联合组织开展的"100位为新中国成立作出突出贡献的英雄模范人物和100位新中国成立以来感动中国人物"的评选活动中，群众参与投票总数近一亿。这其中的每一张选票，都表达了人们对英雄模范的崇敬之情，寄托着对伟大祖国的美好祝福。

　　一个民族不能没有英雄，否则这个民族就不会强大。当国家危难之时，懦弱者选择了逃避、妥协甚至投降，英雄们却挺身而出，用热血捍卫民族的尊严，人民的幸福。在创立和建设新中国的伟大历程中，涌现出无数可歌可泣的英雄模范人物。他们之中，有为了民族独立和人民解放而英勇牺牲的革命先烈，有为了党和人民的事业而不懈奋斗的优秀共产党员，有在全民族抗战中顽强奋战、为国捐躯的爱国将士，有英勇杀敌的战斗英雄和革命群众，有积极从事进步活动的著名民主爱国人士和国际友人……他们是民族的脊梁、祖国的骄傲，是激励全体人民团结奋斗的精神力量。

　　《100位为新中国成立作出突出贡献的英雄模范人物传记》丛书，就像一部星光璀璨的英雄谱，真实、完整地记录了英雄模范人物不平凡的一生，再现了他们非凡的人格魅力和精神世界。"头颅可断腹可剖"的铁血将军杨靖宇，"毫不利己，专门利人"的白求恩，"抗战军人之魂"张自忠，"砍头不要紧"的夏明翰，"俯首甘为孺子牛"的文化斗士鲁迅……一串串闪光的名字，一个个动人的故事，犹如群星闪烁，光耀中华。

　　如今，战火已熄，硝烟已散，英雄已逝，我们沐浴在和平的幸福之中。在和平年代，人们不会忘记为今日的和平浴血奋战的英雄们，英雄的故事永远不会结束。让我们用英雄的故事唤醒我们心中的激情，为中华民族的伟大复兴而奋斗。

生平简介

段德昌（1904-1933），男，汉族，湖南省南县人，中共党员。

段德昌1925年6月加入中国共产主义青年团，同年转入中国共产党。后到广州，先后入黄埔军校第四期和中央政治讲习班学习。1926年6月毕业后，到国民革命军第八军一师政治部工作，参加北伐战争。1927年参加八一南昌起义。大革命失败后，在南县、华容、石首、公安等地进行革命活动。曾任中共公安县委书记，领导该县年关暴动。曾介绍国民党军湖南独立第五师一团团长彭德怀加入中国共产党。1928年6月起任中共鄂西特委委员、鄂西游击大队中队长、鄂西游击总队参谋长、红军独立师师长，率部在监利、沔阳交界地区创建游击根据地。1930年2月后，任中国工农红军第六军第一纵队司令，第二军团第六军副军长兼十七师师长、第六军军长，鄂西苏维埃联县政府赤卫队总队长，参与创建与巩固以洪湖为中心的湘鄂西苏区。1931年4月任红三军（红二军团改编）第九师师长，指挥部队连战连捷，取得三官殿、沙岗等战斗的胜利，被湘鄂西苏区军民誉为"常胜将军"。同年秋，在国民党军大规模"围剿"下，红三军被迫离开洪湖苏区。他率九师担负阻击、断后等艰巨任务，转战3500余公里，于12月下旬到达湘鄂边。1933年5月在"肃反"中遭诬陷，被杀害于湖北巴东县金果坪江家村，年仅29岁。1944年，在党的六届七中全会上中共中央为段德昌平反昭雪。中华人民共和国成立后，毛泽东主席为其亲属签发了中央人民政府第一号《革命牺牲军人家属光荣纪念证》。1988年，中央军委将段德昌列为33位军事家之一。

◀段德昌

目 录 MULU

智勇忠烈的常胜将军(代序)

　　段德昌是中国工农红军高级指挥员，是中共中央军委1989年确定载入《中国大百科全书》，与毛泽东、周恩来、十大元帅等开国元勋并列的33位人民解放军军事家之一，是与贺龙、周逸群齐名，全国三大苏区之一湘鄂西苏区的创始人，是"天才军事家"（斯大林语）彭德怀元帅的革命引路人。

　　段德昌出身黄埔军校第四期，参加了八一南昌起义。大革命失败后，领导公安县年关暴动，组织农民武装，开展湖区、平原游击战争，创造了一套水上游击战争的战术原则。先后担任鄂西游击大队中队长、鄂西总队参谋长、鄂西独立师师长、红六军副军长、军长等职，在反"围剿"斗争中屡建奇功。1933年5月1日，在湖北巴东金果坪被错杀，年仅29岁。在短暂的革命生涯中，段德昌文韬武略、忠勇善战，获得了"火龙将军"、"常胜将军"的美誉。他是中共军事史上最早从事水上游击战争和平原游击战争的将军。

　　段德昌是韩信式的军事家，将兵宜多，布阵尚奇，作战飘忽，常有惊人之举，红二军团几乎所有大捷都闪烁着他的智慧。他擅长火攻，在古赤壁的旧战场上，利用洪湖地区天然柴山、芦林，指挥过多次火烧连营的著名战例。他曾经创造三个月歼敌三个旅的辉煌战绩，把湘鄂西根据地推向鼎盛。但是，在夏曦"两个拳头打人"的错误战略指导下，贺龙、段德昌苦心积攒的家当被丢失得干干净净，红军由大胜转入大败。

段德昌是中国共产党的忠诚战士、反"左"先驱。他说："共产党员一生都要讲真话，心中想着人民。"段德昌一生把共产党人的革命理想视为灵魂，忠勇坦荡，刚正不阿，疾恶如仇。在党内斗争中，对于"左"倾错误展开了不留情面的批驳，把真理的大炮对准了不可一世的"老鸡婆"（机会主义者）。因此他屡遭诬陷，终被错杀，献出了自己年轻的生命。扭曲的"公审"，奇特的"刑场"，全军将士哭泣着为"火龙"送行。段德昌临死提出的三条要求之一是："用刀杀我，留下子弹打敌人。"明知冤屈必死，却不忘献身杀敌，革命意志坚如磐石。

军事智谋，他是"常胜将军"，英勇果敢，他堪称"火龙"，忠诚于党他更是感昭日月。

追求革命真理

(1904—1926)

洞庭湖水降"火龙"

★★★★★

（0-6岁）

被湘鄂西革命根据地人民誉为"火龙将军"的段德昌，是九都山的土地培植、洞庭水的灵气孕育出来的一颗晶莹夺目的将星。他是军事才智与力量的烈火，是焚烧人间地狱的烈火，是把真情和温暖无私奉献给劳苦大众的烈火。

湖南南县地处湘鄂两省边陲，洞庭湖区腹地，五条自然江河流贯其中，域内河渠纵横，湖塘密布，水域面积占总面积的三分之一以上，有"洞庭明珠"之誉。于清光绪二十一年（1895年）设县建制（南洲县）。建县之际，正是中国经历五千年来最为灾难深重的时刻。世界上几乎所有的资本主义国家都对中国发动过一次甚至多次侵略战争，亡国灭种的危机威

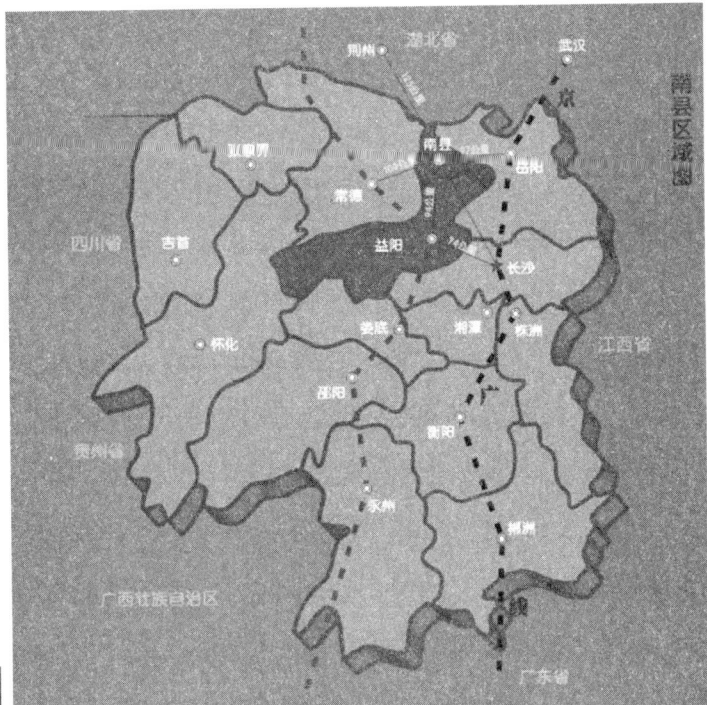

胁着千年古国，中华民族处于水深火热之中。清政府已是苟延残喘，而追求民族独立和解放的各种革命思潮正在中华大地上春潮涌动。

1904年夏天，洞庭湖滨的南县刚脱下了绵绵细雨的外衣，就已是阳光明媚，骄阳似火。县城九都山又热闹起来，城中店铺似乎红火了许多，几条主要街道上车水马龙，片片店幡在暖风中轻轻飘拂。泻入洞庭的沱江从城边滚滚而下，江面上帆船交织如梭。从官码头通向正街县衙的一条一华里长的麻石路上，刚刚下了渡船的当地知名乡绅段心铨行色匆匆，这位湖南省旧农会办事员，早年东渡日本留学，毕业于日本东京政法学校预科，如今正风尘仆仆地赶回九都山九屋场的家中，迎接自己即将出生的孩子。"希望是个儿子……"他心里念叨着。

1904 年 8 月 19 日，孩子降生了，是个男孩子，取名叫段德昌。这就是后来叱咤风云的红军高级将领、军事家、中华人民共和国人民政府第一号烈士、"火龙将军"段德昌。

段德昌母亲由于体弱多病，在段德昌出生不久离开了人世。父亲段心铨因生计长期离家在外，先是在省城旧农会工作，后到常德市担任了法院承审官。段德昌的一切生活靠祖母照料。

➡ 学堂里的"对对龙"

★★★★★

（7—13 岁）

光绪三十四年 (1908 年)，南县创办南洲厅官立高等小学，建有一所高小，24 所国民小学。集镇和乡村另有个少私塾。

段德昌7岁时祖母送他到本村的私塾读书。1914年，年满10岁的小德昌已读了四年的"五经"、"四书"，加上他天资聪颖，是学生中最有灵气的一个。

私塾先生常出联让学生们对，对得最好的当数段德昌，充分显示了他过人的智力。

有一天，私塾先生出了一个拼字联："需人为儒，弗人为佛，曾人为僧，以及山人为仙，宾人为傧，立人为位，下至庸人为傭，童人为僮，人均有取义。"孩子们一听如此之难，都无言以对。段德昌略加思索，便从容不迫地站起来，一字一顿地对道："老女曰姥，夭女曰妖，生女曰姓，推之因女曰姻，商女曰嫡，亚女曰娅，贱而立女曰妾，卑女曰婢，女各存专名。"段德昌对罢，满课堂响起一片喝彩声。私塾先生更是惊得目瞪口呆，连夸"了不得，了不得！"

不久，段德昌进入县立小学读书。一天，县劝学所所长严世杰到段德昌就读的学堂视察。段德昌的老师是一位饱读诗书的学究，在当地很有威望，深受当地百姓的好评，对段德昌的敏捷才思时常赞不绝口。严所长听说段德昌非常优秀，且吟诗作对很不一般，便出上联道："孔夫子、关夫子，两位夫子，圣灵威德同结万世。"老师会意，便点段德昌来对下联。段德昌不慌不忙地站起来道："著春秋、看春秋，一部春秋，庙堂香火永续千秋。"说完又对严所长自谦道："学生献丑了，请指教。"严世杰和老师听后，都高兴地点点头。赞道："对得妙，对得妙！"

追求革命真理

多年以后，段德昌和贺龙开创湘鄂西革命根据地，担任了红六军军长，在洪湖的一次战斗中捕获了当地"白极会"的一名头子颜定成。这个匪首读过一些旧书，认为红军都是"土包子"，没什么文化，因而瞧不起红军将士。当段德昌提审这个匪首时，他还不服气地想难一难段德昌将军，便出联道："骑奇马，张长弓，琴瑟琵琶八王子，王王在上，单独作战。"段德昌见匪首如此气焰嚣张，便虎虎生威地大声对道："袭龙衣，作乍人，魑魅魍魉四鬼儿，鬼鬼居边，合手都拿！"这一对联，听得匪首如呆

△ 洞庭湖荷花

子一般，原来段德昌将军不但是位常胜将军，而且还是一位儒将。匪首只得叩头连连认罪，像泄了气的皮球。

→ 忧国忧民的青年才俊

★★★★★
（14—17岁）

　　1918年，段德昌的父亲段心铨因看不惯官场腐败而辞职赋闲，家庭生活日渐拮据。而此时的段德昌不仅是文采飞扬的高小学生，还是忧国忧民的进步青年。

　　1918年5月7日，是袁世凯签订丧权辱国的"二十一条"的国耻纪念日。年仅14岁的段德昌在"五德书屋"拍案而起，邀集一群同学到县城示威游行，高喊"反对日本帝国主义、反对军阀政府"的口号。

　　1920年冬，忧国忧民的高小学生段德昌，专门写了一封关于南县教育发展和湖南发展建设的建议信，寄到了省城。此信经多次传递，转到了正在草拟《湖南改造促进会发起宣言》和《湖南建设问题条件商榷》的毛泽东手里，毛泽东十分欣赏段德昌的见解，也对信中反映的南县的情况非常重视。

1921年春天，毛泽东以省督学身份和友人易礼容（湘潭籍）、陈书农（长沙籍，30年代曾任南县县长）一道从省城经岳阳、华容来南县考察国民教育和进行社会调查。毛泽东走在南县官街平坦的麻石路上，首先想到的是见一见那位写信的有志青年学生段德昌。

毛泽东身穿长衫，脚蹬麻耳草鞋，在县劝学所稍作停留后，还没放下身上的行囊，就与友人一道来到了文昌阁。段德昌所在的高等小学堂就设在这里。文昌阁建于1893年，原系南县孟氏宗祠。

"润之，我去喊德昌出来与你相见。"毕业于湖南优等师范的县劝学所所长严世杰对毛泽东说。"好，麻烦你了。"毛泽东对同龄的严世杰道。严世杰走进文昌阁的高等小学堂，与授课老师耳语了几句，授课老师就对坐在最后面的段德昌说："德昌，请你到外面去一下，有贵客会你。"

段德昌惊异地放下手中的书，向外走去。他穿着一身蓝布衣衫、一双土布鞋，显得十分精神。

毛泽东走上前，微笑地望着段德昌。段德昌看着眼前陌生的毛泽东，微笑着点了一下头。段德昌听了介绍以后，一双充满激情的眼睛望着前面这位身材高大、满脸英气的省督学"润之兄"，激

动不已。

就在文昌阁里，毛泽东与段德昌坐在坪前白石云龙上随和地交谈。毛泽东听到段德昌俏皮地对乡村私塾先生的教书进行模仿介绍时，不时地发出阵阵爽朗的笑声。

九都山的夜晚，在煤油灯和烛光的照耀下，增添了几分生动。段德昌来到了官正街毛泽东住的伙铺。

段德昌向毛泽东介绍了南县乡村和国民受教育的情况："经过五四运动后，许多从外地求学的青年纷纷回县投身教育，希图革除旧弊，大力倡办新学。现在小学的初小学制四年，开设国文、算术、图画、唱歌、手工、体操、习字等课；高小三年，在初小课程基础上，增设经书、修身、历史、地理、理科等课。教学由课堂教学取代了私塾的点授。最近高小取消经书，增授了英语。县立的中学于民国二年（1913年）并入县立高等小学，到民国五年（1916年）停办。师范学校已于去年在县城办起了南县师范讲习班。职业学校县城已办两所，一所是今年恢复的县立女子学校，开设刺绣、织袜课；另一所是南县乙种商业学校。尽管这样，还有大多数人进不了学堂⋯⋯"

毛泽东聚精会神地听着，时而沉思，时而兴奋，这个思想进步、心向革命的段德昌介绍的南县教育情况，使他深感国民教育之重要，改造中国之任重道远。毛泽东从包裹里拿出最新出版的《新青年》等刊物给段德昌。段德昌欣喜地接过散发着油墨芳香的书翻看着。毛泽东将油灯移到段德昌跟前："德昌弟，你也像我那时一样，遇到好书，如同牛闯进菜园，初尝菜味，大口大口地吃个不停哟！"

段德昌笑着对毛泽东说："我母亲早逝，靠祖母抚养成人。父亲留学日本后长期从政外地，回来时也带些好书给我看，比如《天演论》《民约》等，和你送我的这些书一样，是我最爱读的书。"

毛泽东与段德昌越谈兴味越浓，直谈到霞光满天。毛泽东语重心长地说："与旧世界斗，要靠我们这一代人。重要的是我们青年要学会各种各样既文又武的方法，去组织广大民众起来创造一个新的世界⋯⋯"

当段德昌与毛泽东谈到旭日东升时，段德昌毫无睡意地握着毛泽东的手说："润之兄，俗话说：'闻君一席话，胜读十年书。'真是一点不假啊！"

→ 毛泽东的"好同志"

★★★★★

（17—21岁）

清晨，毛泽东走到窗边，推开了皮纸蒙着的窗棂，对窗外呵了一阵气，活动了一下筋骨，眨了眨带着蒙眬睡意的双眼，说："德昌，我们刚来南县，人生地不熟，你能带我们去乡村串户吗？"

段德昌忙说："润之兄，你们考察国民教育，我非常愿意为你带路。"当时，南县乡村进入春耕生产季节，乡村到处是一片春忙景象。

段德昌陪伴毛泽东到九都山等地，在乡村小学和私塾中进行调查了解，在与小学教员和

△ 雅礼大学堂

私塾先生交谈中，毛泽东谈今说古，论道评经。毛泽东渊博的学识受到外地求学回乡从事国民小学教育教员的无限敬佩。

段德昌和毛泽东等一道走村串户，一连几天时间里同吃同住，亲密无间。在北乡仁美区北局的那天，和风吹拂，艳阳高照。北局塾师介绍说，邻近一位姓彭的佃农，没有读过书，却向"游学佬"学习了打算盘。毛泽东与段德昌一行便来到彭家，这时那佃户正在挑粪下田。毛泽东亲切地与之交谈。原来这位佃户的老家在益阳油塘坪十三里狮子山，他移居南县不久。乡里常有"游学佬"游学，有的是讲授"四书五经"混口饭吃，有的是以文会友图个名声，有的是显露才华图谋讲授之业。在禾场里，这位识字不多的佃农彭友山，与毛泽东等一行一见如故。也许是因为佃农常与塾师交往尊敬读书人的缘故，彭友山对毛泽东一行极为尊重，还将"督学"听成了"游学"。同行的严世杰进行了纠正，彭友山脸红地说："对不起，毛先生。"毛泽东还和他交流算盘演算的经验，谁知这位佃农自从"游学佬"那里学会打算盘后，又与邻近塾师常来往，竟精通了《九章》算学，使毛泽东十分吃惊：一位没上过学的农夫自学竟能将算盘和算术学到如此精湛程度！毛泽东由此深信，没有上过学的佃农，虽然没有高深的文化素养，只要自己努力和授师精心传授，照样可以学得一门或是几门文化技艺。毛泽东等征得彭友山的同意，在北局禾场里召集附近农民，利用午休空隙，请他为农民兄弟表演了打算盘并讲授了中国算术方法，受到赞扬。一时间，当地以佃农为典型，兴起了"省督学先生"掀起的演算热潮。

毛泽东在考察国民教育的空隙时间里，与段德昌等一起游览了洞庭古庙赤松亭、桂花园等名胜古迹。毛泽东在南县的考察中那种实事求是的精神，深深地感动了段德昌，而段德昌也在陪同毛泽东一行中表现出的机敏、好学、上进的精神，在毛泽东心中留下了深刻的印象。

毛泽东在来南县八天后，乘着初夏习习的凉风准备离开南县前往安乡时，语重心长地对段德昌说："国家兴旺要靠民众觉醒，民众觉醒要靠教育，我们要投身到教育事业中去。"段德昌拉着毛泽东的手说："润之兄，我今后一定致力于国民教育。"毛泽东一行在洞庭湖畔的活动，段德昌写成文章或通讯寄给了《湖南通俗报》。

第二年桃花绽苞的时节，毛泽东给九都山的段德昌寄来了一封信，信中提议段德昌到长沙去读中学，以便投身于省城的革命活动。于是，1922年夏段德昌在县立小学毕业，以优异的成绩考入长沙中华圣公会雅各中学。

1923年6月，长沙小西门发生日本水兵枪杀示威群众的"六一惨案"，正在长沙中华圣公会雅各中学就读的段德昌热血沸腾，不顾教会学校的阻拦，积极投入了长沙各界人士举行的抗议活动。之后，他进入毛泽东创办的"长沙书社"，阅读了大量马列主义著作，用共产主义学说熏陶自己的理想，用湖湘文化锻造自己的人格。期间与南县、华容一带在长沙求学的刘革非、何鸣一、鼓定、朱登瀛、欧阳悟等革命青年过从甚密，曾组织马克思主义学习小组，学习《共产党宣言》和《国家与革命》等经典著作，阅读《新青年》《劳动者》等革命刊物，互相勉励，立志献身于中国革命事业。

1923年，段德昌父亲段心铨因病去世，段德昌家庭生活更加困难而被迫辍学返乡，受聘到家乡一所小学教书。毛泽东知道这一情况后，想到在省城创办的文化书社在宁乡建立了宁乡分社，正需要派一名精明干练的人去负责，便派段德昌去那里工作。段德昌在宁乡分社积极工作，按照毛泽东文化书社的要求，做好革命书籍的发行工作，深受当地革命群众的欢迎，创造了喜人的业绩，被毛泽东称赞为"好同志"。

1924年，段德昌与何长工共同在华容南山创办新华学校，并担任学校副董事长兼教务部长、英文教员，开展新式教育，与盘踞在华容教育界的封建势力进行斗争，实践毛泽东曾在南县考察国民教育时阐述的教育思想。

1925年，段德昌回南县第四国民小学任英文教员。五卅惨案爆发后，他与南县的一些进步师生一道，发起组织青沪惨案雪耻会，并担任该会调查股主任（纠察队长），带领群众积极开展查禁日货和反对帝国主义的宣传活动。由于他经常拿着一根五六尺长的铁杆到县城码头等处检查日货，有人就讥讽说："当教员不拿教鞭拿铁杆，在街上转来转去，不雅观，有失体统。"段德昌严肃地回答："日本帝国主义者枪杀工人顾正红，你看文明不文明？奸商想方设法贩卖日货，甘当亡国奴，难道就雅观？"段德昌不怕别人嘲讽，不顾被校方解聘威胁，始终站在爱国反帝斗争的前头。

1925年6月，段德昌在南县由陈琳、冯希濂介绍参加中国共产主义青年团，随后由曾习孔介绍加入中国共产党。

→ 决不认罪的黄埔生

★★★★★

（21—22 岁）

广州市南的黄埔长洲岛是一个四面环水的孤岛，来往省城需以轮船摆渡，交通不便。从1924年春开始，前往小岛的渡轮上，时常出现一群又一群操着南腔北调的年轻人，他们的到来，使得岛上原本已经荒芜的原广东陆军小学旧址和毗邻的逊清时代海军学堂基地顿时热闹非凡。这些朝气蓬勃的年轻人在教官们的带领下，在废弃多年的校园里垒石砌砖，修整扩建，亲手建立起了他们自己的学校。校门上六个正楷大字"陆军军官学校"，向世人宣告：中国历史上一所绝无仅有的新型军官学校就此诞生，这就是在中国现代史上大名鼎鼎的黄埔军校。黄埔军校自1924年6月第一期开学之后，经过一年多的建设，再加上苏联在经济和武器上的援助，到了 1925 年秋，学校的物质条件比刚开张的时候已经有了很大的改善。

以现在的标准来看，黄埔军校的门面和校舍条件，不见得比当代一个住宿中学的标准好过多少。然而"山不在高，有仙则名，水不在深，有龙则灵"，要说黄埔军校是藏龙卧虎之地，大概没有人会否认。可以毫不夸张地说，如果少了 20 年代从这扇小小的校门进出过的一大批师长和学生，中国现代历史恐怕得重写。且不论蒋介石、周恩来、叶剑英、聂荣臻、何应钦、陈诚、张治中这些担任校长、主任和教官的重量级人物，也不提前三期的老大哥，单是黄埔四期的新生就可以说是精英荟萃。林彪、刘志丹、段德昌、伍中豪、曾中生、胡琏、李弥、文强、刘玉章、唐生明、潘裕昆、高吉人、邱维达、谢晋元、张灵甫等这些在中国现代史，尤其是中国现代军史上名声显赫的国共两方将领，都是在这 1925 年的秋冬之季，踏进了这个不起眼的校园，加入了黄埔军校第四期的行列。

1925 年夏，段德昌受中共南县党组织派遣，考入黄埔军校第四期学习。期间，段德昌刻苦学习和训练，各门文化课和军事课都成绩优秀，被周恩来等师生誉为"文武全才"。

黄埔军校既是培养国共两党军事将领的摇篮，又是左、右派斗争最为激烈的战场。当时，在校长蒋介石的指使下，国民党右派学生组成了"孙文主义学会"；在军校政治部主任周恩来的领导下，共产党员、青年团员成立了"中国青年军人联合会"。两个团体围绕争夺军校领导权展开了激烈的交锋。

段德昌是"青军会"的重要成员之一。他在中共组织领导下，带头与国民党极右分子组成的"孙文主义学会"作斗争，无情揭露"孙文主义学会"头目们违背孙中山的三大政策和破坏统一战线的阴谋活动。段德昌教师出身，理论功底深，知识广博，能言善辩，词锋犀利，常常驳得右派分子面红耳赤，哑口无言。

1926年初，中山舰事件爆发，段德昌领着部分青年军人求见蒋介石，当面指责他身为校长处事

△ 黄埔军校旧址

不公，偏袒一派，打击一派。在黄埔军校，从来都是校长给学生训话，何曾见过学生呵斥校长？蒋介石恼羞成怒，下令将段德昌关进禁闭室。

一天后，蒋介石来到禁闭室，温言相劝："你各科成绩都很优异，是可造之材，要专注学业，志存高远。如果你能承认错误还是有前途的，校长也不会怪你。如果你坚持己见，不公开认错，我就要开除你的学籍。"

"我为国民革命来军校学习，向校长提意见是为革命快点成功，何罪之有？"段德昌强硬地回答，"关禁闭就关禁闭，开除学籍就开除学籍，我决不认罪！"

一句话呛得蒋介石脸色发紫："禁闭室你也别呆了，马上卷铺盖走人。"

1926年春，像火药桶一般的广州笼罩着一片乌云。一天傍晚时分，空中响过一阵雷声，接着便是一道耀眼的闪电划过天空。在寂寥的空地上，毛泽东在去李富春主办的中央政治讲习班回来的路上，与正准备投入到革命的大洪流中去的段德昌相遇，虽然在暮色沉沉之中邂逅，两人仍然很快地认出了对方。毛泽东忘情地与段德昌热烈拥抱，良久，毛泽东邀请段德昌到寓所畅述。

段德昌向毛泽东汇报了自己的情况后，毛泽东充满希望地对段德昌说："德昌弟，为了组织千千万万的工友农友拿起武器开展革命斗争，建立我们无产阶级的政权，你就到李富春同志主办的中央政治讲习班去学习吧。由周恩来推荐，我来介绍，你看怎么样？"

段德昌高兴地点了点头。此刻,在毛泽东的眼里,段德昌已不是当年在南县看到的那个 17 岁的向往革命的稚嫩学生,而是一位在革命的大风大浪中锻炼成长起来的斗志更旺、方向更明的坚强战士了。

在周恩来推荐下,段德昌到毛泽东和李富春领导的中央政治讲习班学习。1926 年 6 月毕业后,他被分配到国民革命军第二军任营长,不久调国民革命军第六军第五团任党代表。

北伐战争开始后,段德昌于 1926 年夏随第六军进入湖南。不久又被调到国民革命军总政治部宣传科工作。他积极地在士兵和基层军官中开展宣传和组织工作,有力配合着革命战争的进行。尤其在攻占醴陵、平江以及汀泗桥等战斗中,他带领宣传科的工作人员,在战场上进行宣传鼓动,受到国民革命军总司令部、政治部的通报表扬。先后晋升为国民革命军总政治部宣传科科长、国民革命军第八军第一师政治部秘书长、第一师政治部主任兼《北伐周报》主编。蒋介石在签署通报时,曾经很不情愿地对"孙文主义学会"头目缪斌说:"我就不明白,为什么像段德昌这样有才能的人都跟着共产党跑?"

在激情燃烧的岁月里,段德昌像一团灼热的火焰,不仅无情地焚烧一切枯枝腐叶,还将一些向往光明的同志聚集到自己身边,团结他们一道前进。

播撒革命火种

(1926—1928)

→ 彭大将军的领路人

★★★★★

　　在担任国民革命军总政治部宣传科科长、国民革命军第八军第一师政治部秘书长、政治部主任兼《北伐周刊》主编期间，段德昌秘密宣传马克思主义。其成就之一就是把无产阶级的革命火种播入了一位年轻军官的心田。这位年轻军官就是日后横刀立马、能征惯战的共和国元帅彭德怀。

玉山谈话送光明

　　1926年在参加攻打武昌的战斗中，时任国民革命军第八军第一师一团一营营长的彭德怀担负围攻武昌城南门。时任该师政治部秘书长的段德昌来到一团一营，送了不少宣传品。段德昌与彭德怀一见如故，彭德怀请段德昌"常来"，段德昌多次登门拜访。当时出版的进步刊物，段德昌总是尽早派专人送给彭德怀。

一日，段德昌正和彭德怀在护城河边观察敌情。二人边走边谈，行至吊桥旁的一株大柳树下，突然有十几名敌兵从城中冲出，包围了彭德怀、段德昌二人，二人面对敌群，没有惧色，分别从敌人手中夺过长短兵器与敌肉搏。二人沉着冷静，背靠背，与敌周旋，直到警卫排赶到才得以脱险。由于这段同生共死的经历，彭德怀、段德昌二人感情愈密。

彭德怀、段德昌二人在性格上也惊人地相似，都有一腔热血，都有一身傲骨，都重信义、轻生死，都被人讥刺为"炮筒子"脾气，至死不改。两人相见恨晚，越谈越亲。在交谈中，段德昌发现彭德怀虽然出身行伍，长期混迹于旧军队，但洁身自好，保持着正直、善良的品质。更为可贵的是，他始终把救国救民作为自己的追求目标，并在自己的队伍中建立了救贫会组织。段德昌决心"引渡"这位求道者。

攻克武昌数日后，第三十五军第一师奉军长何键令，由武汉经孝感西进，抵当阳时获得情报，吴佩孚的残部由宜昌经玉泉山向南阳逃窜，师长周磐遂下令要彭德怀率部赶往玉泉山截击逃敌。段德昌向周磐提出要随第一团参加这次战斗。周磐同意后，他便同彭德怀一起，带领部队自当阳出发。可是，当他们赶到玉泉山时，吴佩孚的残部已于先一天通过该地北窜。这天晚上，段德昌与彭德怀就宿在玉泉山上的关帝庙里，二人做了长时间的亲切交谈。

玉泉山素有"三楚名山"和"荆楚丛林之冠"的美誉。山下有泉，终年喷珠漱玉，称为玉泉，山上古木参天，层峦叠翠。这里相传是关羽显灵的地方。关羽兵败被斩后，每夜在玉泉山半空中怒吼："还我头来! 还我头来!"玉泉山百姓、牲畜夜夜惊恐，难以安宁。一位道长劝喻曰："君无头则冤，然则颜良、文丑之头何在?"关羽顿悟，遂入土为安。宋代以后，历代统治者均在玉泉山增修关陵。关陵占地百亩，规模宏大，除关羽墓外，还有祭亭、正殿、圣像殿、马殿等建筑物。

古庙很小，彭德怀不让别人住进来，与段德昌在关云长塑像前的地上铺了茅草，就着神龛前的一炷蜡烛，躺着说话。两人的话题先是第八军在湖北战场的情形，然后转到对整个北伐战争的看法。

忽然，段德昌坐起身子，指着烛光中的关云长塑像对彭德怀问："你对这位万民朝拜的圣人有何感想?"

彭德怀也坐起来，沉吟着回道："关羽的确是民间最为崇拜的神明，但是说来说去，他还是统治阶级的工具，到现在还被统治阶级利用为忠君的人物，没有意思。"

段德昌："你要怎样才有意思呢?"

彭德怀思虑少时，回道："作为一个武将，要为劳苦大众去冲锋陷阵才有意思。"

段德昌："你以为国民革命的最终目的是什么?"

彭德怀："现在不是每天都在喊着打倒帝国主义、军阀、贪官污吏、土豪劣绅，实行二五减租吗? 我认为应当耕者有其田，而不应当停留在二五减租上。"

段德昌："一个真正的革命者，也不应当停留在耕者有其田，而应当变生产资料私有制为公有制，由按劳分配发展为按需分配的共产主义制。共产党是按照这样的理想而奋斗的。俄国布尔什维克领导十月社会主义革命胜利后，已实行按劳分配，消灭阶级剥削。共产党的任务，就是要实现社会主义和共产主义，共产党员就是要为这样的理想社会而奋斗终身。"

段德昌："你加入了国民党吗？"

彭德怀："没有加入，我不打算加入国民党。"

段德昌："为什么？"

彭德怀："你看现在这些人，如唐生智、何键等等，都是军阀大地主，还以信佛骗人；何键、刘铏等还卖鸦片烟，同帝国主义勾结。这些人连二五减租都反对，哪里会革命呢？"

段德昌未答。

彭德怀："国民党中央党部情形如何？"

段德昌："蒋介石、胡汉民、宋子文、戴季陶等都是些假革命、反革命。"

段德昌对沉思不语的彭德怀接着说："作为国民革命的军人，不能像关羽那样被当做统治阶级的

△ 年轻的彭德怀

利用工具，应该为劳苦大众去冲锋陷阵，为实现共产主义的理想奋斗终生。"

……

二人高兴地畅谈了约两个小时。

段德昌的一席话点亮了彭德怀心中的明灯。同过去几次一样，彭德怀把他和段德昌这次谈话的内容，向他在部队中秘密建立起来的救贫会会员传达了。他后来说："在北伐时，党在第一团的政治影响、思想影响，是经过段德昌之口散布的。"

部队在玉泉山住了一夜，第二天便奉命开拔，随第一师进入宜昌。段德昌在宜昌结识了自己的革命伴侣。

段德昌同彭德怀等在宜昌一起迎来了 1927 年。元旦那天，彭德怀召集救贫会会员开会，按照党的统一战线纲领和军队中的政治工作制度，修改了救贫会的章程和口号。不久，第一营还以夜校形式办起了训练班，段德昌来讲课的次数最多。

在中国共产党的政治影响和段德昌的直接帮助、教育下，彭德怀和他领导的第一营全体士兵的政治觉悟有了很大的提高。彭德怀曾几次找段德昌，要求参加共产党。段德昌对彭德怀深为了解，非常愿意做他的入党介绍人。但由于正是国共合作时期，为了避免影响国共两党关系，中共组织决定暂不在这支军队里发展党员，彭德怀的入党要求也就没有得到批准。

三杰聚首武昌城

1927 年春，段德昌等随北伐军已进驻在武昌。此时的汉口、汉阳、武昌荡漾着一派革命的春光。毛泽东此时已在武昌创办农民运动讲习所，培养革命力量。经过对湖南几县农村 32 天的调查以后，毛泽东回到了武昌撰写《湖南农民运动考察报告》。段德昌带着彭德怀到武昌都府堤 41 号毛泽东住地探望。

毛泽东一听老朋友来了，连忙放下手中的笔，整理了一下披着的外衣，起身迎出去。毛泽东欣喜地一手握着段德昌的右手，一手握着同来的彭德怀的左手。

"润之兄，我现在国民革命军第八军第一师。"段德昌高兴地说。

"想不到这么快又见面了。"毛泽东感叹道。

彭德怀向毛泽东补充说："德昌现在还是师政治部秘书长兼《北伐周报》主编。"

"那好。德昌是个不可多得的人才，从宁乡分社走后与何长工一道创办新华学校，还是个懂英文的教员呢。"毛泽东继续说，"你们两位现在都比我强哩，手中都掌握了不少枪杆子，这些枪杆子可不能放松哟，今后革命就要靠自己手中的枪杆子……"

段德昌接过毛泽东的话道："对，革命武装是从无到有的。"毛泽东称赞地点点头，又对段德昌说："德昌，听说北伐军总部有嘉奖令，是通令嘉奖你在指挥北伐战争中所立功绩的？"

彭德怀未等段德昌说话，便赞扬地介绍说："德昌在中央政治讲习班结业后，先到国民革命军第六军第二师任营长，随后担任第五团党代表。北伐战争开始后，德昌调任北伐军总政治部宣传科长，在士兵群众中开展宣传和组织工作。在攻克醴陵、进占平江及汀泗桥等战役中，身先士卒，为部队组织担架、送水送饭、进行战地宣传鼓动，受到总部表彰，被誉为'铁科长'。攻下武昌后，他升任三十五军第一师政治部秘书长。我是在一营时就认识了德昌的。"

段德昌谦虚地一笑："石穿（彭德怀的号）兄，那没什么哩。"

"不错就是不错，功不可没哟。"毛泽东肯定地对段德昌说，又望了望彭德怀，像是征求他对刚才这句评语态度似的。

"德昌很会做思想工作，在率兵打武昌城时，他到我们营来，把我们点得人人心中像燃起了一盆愤怒的火，打仗硬是个个赛猛虎，跟着他冲锋陷阵啊！"彭德怀对着毛泽东夸奖道。

毛泽东听到这里，露出了欣慰的笑容，然后问："德昌，你读过《孙子兵法》吗？我没有读过呢。我17岁时在长沙参加湖南新军，读过不少书，如《三国演义》《水浒》等，就是还没有读过《孙子兵法》这本书。你有这本书吗？"

"我读过不少遍，几乎能倒背如流，可惜借丢了。""《孙子兵法》呀！润之兄，都已装在德昌胸中哩！他主张只能师古，不能泥古。"彭德怀在一旁插话道。

随后，毛泽东与段德昌、彭德怀谈起了古今中外的军事思想和著名战例，分析了中国革命形势，对未来革命进行了展望，一直谈到金鸡报晓。

彭德怀入党介绍人

1927年春夏，蒋介石、汪精卫相继叛变革命，轰轰烈烈的大革命遭到失败。

1927年5月，何键等人发动反共的马日事变，下令通缉段德昌。段德昌按照党的指示，离开第一师。随后，段德昌担任贺龙任军长的国民革命军二十军三师二团党代表，参加八一南昌起义。在南昌起义中，段德昌与王炳南营长曾带领五团一营攻占东门，出其不意，敌人全部缴械投降。

不久段德昌参加了秋收起义，前往鄂中发动秋收暴动，段德昌、邹资生带领自卫队攻打江陵祢陀镇，暴动取得了胜利。但段德昌左眼及腿部受伤，他受命秘密回到南县，住在赤松亭养伤。事有凑巧，彭德怀也于此时率部进驻南县县城。

摆脱了何键和第三十五军控制的第一师，南渡长江，进驻湘北的南（县）、华（容）、安（乡）地区，改番号为湖南陆军独立第五师，归鲁涤平直接指挥；彭德怀任第一团团长，率团部和第一营驻南县县城。彭德怀在大革命失败后继续坚定地维护工农利益，先在城陵矶打击四川军阀杨森，声援叶挺部队作战；后又稳住周磐使第一师摆脱了正在疯狂屠杀革命人民的刽子手何键的控制，进驻南、华、安。段德昌对彭德怀的政治表现极为赞佩，遂向中共南华安特委提出，要介绍彭德怀加入中国共产党。南华安特委派代表同彭德怀谈话后，经过讨论，通过了他的入党申请。10月的一天，特委代表张匡找到彭德怀，告诉他说："段德昌同志介绍你加入共产党，也是特委同志集体介绍的。现在特委已经讨论通过你为中国共产党党员，报告省委批准后，再行通知你。"彭德怀十分激动，表示感谢党对他的信任，并打听段德昌的下落。当他得知段德昌就在南县养伤时，既高兴又不安，当即建议将段德昌搬到李灿家里，以便他派团部的军医去为其治疗。

几天后的一个黄昏，段德昌在李灿家里接待了来看望他的彭德怀。二人互致问候，互诉别离情况之后，段德昌阐述对时局的看法，说："这次轰轰烈烈的大革命是失败了，国民党不能解决任何问题，叛变了革命。党内陈独秀的右倾机会主义也破产了，现在革命形势是低潮。但是，中国共产党和革命人民是杀不尽的，取得了这次经验，今后会干得更好。"他热情赞扬了彭德怀在白色恐怖中表现出的坚定立场，并对特委通过彭德怀入党表示祝贺。他说："在革命处于低潮时期你能坚持革命立场，党和人民是不会忘记的。你很久的愿望达到了——特委通过你加入共产党。已经报告省委，省委是会批准的。"段德昌要彭德怀注意保密，说在军队中建立党的基点是不容易的，要以工作条件较好的第一营为基础，逐步发展到全团，以至到全师。在条件成熟时，将来要起重大作用的。

段德昌送给彭德怀两本书，一本是《通俗资本论》，一本是《无产阶级哲学说》。他有针对性地提醒道:"共产党永远是要革命的,但如果把每个共产党员都理想化,那也是不合实际的。看到个别坏现象,也不要失望。"

对于段德昌这位播火者,彭德怀终生难忘。他始终把段德昌作为自己的入党介绍人写在履历表上,多次深情地回忆起段德昌:"听了他的谈话,觉得身上增加了不少力量,改变了马日事变后的孤立感;觉得同共产党取得了联系,就是同人民群众取得了联系,也就有了依靠感似的。"彭德怀在《彭德怀自述》一书中,对段德昌给予他的关怀、教育和培养,表达了无限的敬意与感激之情。

→ 革命斗争结伴侣

★★★★★

（22—23岁）

在如火如荼的大革命运动中,宜昌南正街上的一位小家碧玉与年轻英俊、才华横溢、充满革命激情的段德昌一见倾心，相知相爱，结为志同道合的革命伴侣。

1926年12月中旬，段德昌随军进驻宜昌城区。当时的《汉口民国日报》对宜昌革命活动的报道，清晰地映下了段德昌在宜昌政治舞台上矫健、活跃的身影：1926年12月24日，第八军政治部"召集本军驻宜昌第一、第二师政治工作人员会议，出席者为第一师政治部秘书段德昌……及团政治指导员等十余人"，会议指定段德昌等参与党部及民众团

△ 《汉口民国日报》旧影

体组织宜昌善后委员会。12 月 26 日，在第八军军长唐生智等三万余军民参加、盛况空前的宜昌军民联欢大会上，段德昌负责组织大会演讲队，振臂领呼口号，放声纵论国事，成为万众瞩目的风云人物。1927 年 1 月 25 日，段德昌欣然出席宜昌总工会筹备处举行的欢迎武汉各界团体派赴鄂西发展民众运动代表团大会。会后，代表团决定举办宜昌党员训练班、工人训练班。段德昌与中共党员、国民党中央委员吴玉章，中共宜昌特支书记曹壮父等共同为训练班授课，段德昌主讲《帝国主义侵略史》。

段德昌在宜昌革命运动的风云际会中，与一位美丽活泼、思想进步的宜昌姑娘肖知娣产生了爱情。

肖知娣是宜昌南正街肖文美刻字店（即印刷所）店主的女儿，先后就读于宜昌崇实女校、九字学校，1924 年就在进步教师的影响下与姐姐肖知孝、弟弟肖知忠一起印刷、散发反帝反北洋军阀的传单，参加游行集会，成为爱国学生运动的积极分子。

北伐军攻占宜昌后，经国民革命军八军二师政治部一位苏姓共产党员介绍，肖知娣和肖知忠分别加入中国共产党、共青团。肖知娣参与组建宜昌妇女协会。在如火如荼的大革命运动中，这位南正街上的小家碧玉与年轻英俊、才华横溢、充满革命激情，前来印刷宣传品的国民革命军军官段德昌一见倾心，相知相爱。

1927 年 2 月，两人结为志同道合的革命伴侣。这段美好的姻缘反过来又成为段德昌与宜昌革命的黏合剂。

段德昌与肖知娣结婚后，肖家成了当地党的宣传阵地和联络中心，来往和住宿的革命同志更多了。肖知娣和肖知忠负责送文件、信函，引送革命同志和为在肖家开会的同志望风放哨。在段德昌的影响下肖知娣的全家都参加了革命！

1927年3月，段德昌随军北伐河南。6月，国民革命军将进占宜昌的杨森叛军逐回四川，段德昌重返宜昌，与曹壮父等组成鄂西党务指导委员会，并率农民自卫军在宜昌联棚歼土匪近二百人，缴枪百余支。大革命失败后，段德昌任中共公安县委书记。其间，因工作和家庭关系，他多次到宜昌向中共鄂西特委汇报工作，探望妻子。12月下旬，段德昌参加了鄂西特委在宜昌学院街小学秘密召开的"鄂西地区党团员积极分子代表会"。与会者吴远孝回忆："到会的约有百人，认识的人有宜昌县委书记郑炽昌、宜昌团县委书记雷祖之，还有我一个远房亲戚肖知娣。她旁边坐着一个男青年，经她介绍才知道是段德昌。"

此时，段德昌的岳父家——宜昌南正街37号肖文美刻字店成为鄂西特委的一个重要的地下联络机关。鄂西特委委员张善孚等都曾在此隐蔽驻留。直到1928年2月，段德昌还曾来宜昌活动，并与在宜都江北党组织寻找上级组织关系的联络员不期而遇。这次巧遇使段德昌成为宜都江北党组织与鄂西特委的牵线人。

→ 翻江倒海的蛟龙

洪湖水浪上燃起的火焰

大革命失败后，段德昌就像一支扑不灭的火焰，把革命的火种又撒向以洪湖为中心的湘鄂西根据地，在茫茫的洪湖水浪上燃起了熊熊烈火，开创了中共军事史上最早的水上游击战争和平原游击战争，谱写了中国革命战争摇曳多姿的华彩乐章。

千里洪湖，烟波浩渺。段德昌倚为绝妙宝地，据之崛起。这里既有湖泊可作军事屏障，又有丰富的物资和兵员保障，加上天灾频繁、阶级矛盾激烈，非常适合开展土地革命。水泊洪湖，是段德昌军事生涯的起点。

洪湖位于江汉平原的东南部，南临长江，北濒汉水，总面积近一千平方公里。在这一地区，大小湖泊星罗棋布，湖汊交错，沟渠纵横，水上交通便利。滨湖各县均为平原，土地肥沃，人烟稠密，人口和物资资源非常丰富。

1928年春节前后，贺龙、周逸群组织荆江二十余县发动了大规模的年关暴动。在攻打监利县城受挫后，领导人在石首焦山河开会，讨论今后的

△ 监利县周老嘴湘鄂西革命根据地旧址

行动方针。会上出现上山与下湖两种尖锐对立的意见。

主张上山的多是贺龙在北伐军时的旧部。他们认为湘鄂边境山高林密，国民党统治力量薄弱，属于三不管的地带，有广大的空间便于与敌周旋。

主张下湖的多是荆江两岸的地方干部。他们认为滨湖地区要粮有粮，要人有人，而且密如蛛网的千里洪湖更是兵家大显身手的疆场，其活动空间并不逊色于湘鄂边山区。

争论双方请求贺龙裁决。

贺龙犹豫再三，最后说："从上海出发时，周恩来同志一再嘱咐我，要依山建军，然后向平原发展。还是按中央的指示办，我们先上山，然后向山下发展。"

按照焦山河会议的决定，贺龙、周逸群带领旧部按原定计划前往湘西（1928年春桑植起义失败后，周逸群与贺龙失散，返回鄂西担任特委书记），荆江两岸暴动武装由各县县委指挥就地坚持斗争。贺龙、周逸群走后，荆江地区武装力量失去领导重心，各县武装力量不仅没有发展壮大，反而被敌军各个击破，洪湖地区革命形势跌入低潮。

荆江年关暴动期间，段德昌由于养伤，没有参加焦山河会议。他听到传达会议内容后，非常惋惜地说："如果讲发展潜力，也许武陵山脉还不及水泊洪湖。"

千里之行，始于足下；百丈之台，起于垒土。段德昌决心做名翻江倒海的蛟龙。

当时，洪湖周围揭竿而起的游击队有十余支，远近闻名的暴动首领也不少，如石首的李兆龙、华容的刘革非、公安的杨荣祥、江陵的陈香波、监利的彭国才、鄂中的肖仁鹄，这些都是胆量过人、智勇兼备的好汉，但是，他们最后都纷纷汇集到段德昌的旗下。原因很简单，强中更有强中手，段德昌的军事才能和远见卓识超过了当时这些草莽英雄，成为统一洪湖武装力量的最佳人选。

机变百出而又举重若轻，这是各路英雄最钦佩段德昌的地方。再复杂的形势，再大的困难，再重的任务，到了他那里，都仿佛早有答案，一切都那样信手拈来，水到渠成。

巧妙夺枪的"能人"

1927 年 11 月，段德昌伤已痊愈。中共组织派他去湖北公安担任县委书记。公安县是大革命时期农民运动迅猛发展的区域，党在那里有深厚的群众基础，段德昌决定要把那里武装斗争的烈火点燃起来。为此，离开南县前，他想请彭德怀提供一些枪支和经费。彭德怀通过第一团的中共地下党员，满足了他的要求。

一切准备就绪，段德昌带领南县一批共产党员，化装成绅士、小商贩、江湖术士等各种身份，混过敌人一层层岗哨，抵达公安县曾家嘴，同在这一带活动的戴补天、邹资生等会合，发动群众，健全组织，建立武装。

段德昌到任时，发现公安党组织正发动党员变卖家产，准备筹钱购买枪支。

"除了变卖家产，你们就没有别的办法？"段德昌说，"大家的积极性是好的，但办法太笨了。"

"你脑壳灵光，有什么妙策？"有些负责人不服气地问。

段德昌故作神秘地说："天机不可泄露。你们现在停止变卖家产，转入进行模拟训练，到时候只

△ 公安暴动（油画）

要会开枪就行了。"

众人半信半疑。此后一段时间内,大家发现段德昌整天在县城里转来转去,一副优哉游哉的样子。有人嘀咕道:"该不是一个扯白算数的书记吧?"

半个月后,段德昌通知游击队:"准备领枪。"按照他的安排,游击队员化装成渔民、商贩、叫花子夜里潜入县城,天亮后分头赶到县团防局操场。操场上,团防局士兵正在教官的指挥下做早操。看到围观的人特别多,士兵们做得很认真。他们的枪械集中堆放在操场的一角,由两个士兵看护。

段德昌带着几个人悄悄地走近枪械堆放地点,突然发动袭击,挥拳打倒看护的士兵,高喊道:"抢枪!"游击队员一拥而上,夺走摆在操场一角的七十多条枪支,将枪口瞄准乱作一团的团防士兵。

到了这个时候,游击队员才明白段德昌整天游逛原来动的是"空手套白狼"的主意。

解决县团防局后,段德昌指挥队伍乘势占领县城,处决一批罪大恶极的土豪劣绅,释放在押的共产党员和革命群众,将没收的钱物分给贫苦农民,这就是著名的公安暴动。

兵不血刃的公安暴动打出了段德昌的声威,游击队员心悦诚服地说:"洪湖出了能人。"

铲恶除霸的"红党"

1928年1月22日，正是农历大年除夕之夜。夜色漆黑，在茫茫的荒野上，正有一支一百多号人马的队伍在悄然前进，目标直指前面一个大型的村落——涂郭巷。

村子的灯火已经越来越亮，这支队伍的成员也兴奋起来。

"脚尖着地，别弄出声，快跟上！"一个压抑的声音在"嗒嗒"的脚步声中响起。这人的湖南南县口音十分冷峻，十分有力。

队伍的脚步声果然变轻了不少。

不一会儿，这支队伍分两路进了村子。此刻，村民们都吃完了年饭，正掩着大门，在火炕边守岁。

很快，村子西头最大的一个院子被许多黑影包围了。这座大院的确气势不凡，正屋连厢房深近三十米，宽近二十米，正屋为两层暗楼，高十来米，全用青色的风火砖砌成，这样的庭院当然只有大户人家才盖得起。

两条黑影矫健地闪到院门边，从门缝里望去，只见院内高悬着大红灯笼，宽大的天井边，有几个男女用人正在忙碌，他们杀鸡的杀鸡，宰猪的宰猪，剖鱼的剖鱼，看样子是在为东家准备祭祀祖宗的贡品。

这时，又有两条黑影闪近院门。其中那个中等身材的人贴到门缝上，向院子里观察起来。灯光透过一指多宽的门缝，映在那人年轻而英武的脸上，他将左臂有力地一挥，带头纵上了一人多高的院墙。另外三条黑影也迅速跃上了墙头。四条黑影一起轻轻落地，轻捷如燕，可见他们都有一身好功夫。四人中留下一人去开院门，其余三个则在英武青年的带领下，贴着墙根向那几个用人逼近。

一个正在用力砍剁猪头的男用人首先发现了东厢房边的人影，他惊得目瞪口呆，当他清醒过来刚要叫喊时，脊背却被一个硬邦邦的家伙顶住了。

"不许喊，我们是红党！"那英武青年低声说，"我们只找傅祖光，不与你们相干！"

一个正在掏鸡内脏的女用人从没见过这种阵势，她压抑地"啊"了半声，就被另一个持短枪的人捂住了嘴。

这时，西厢房敞着的门里，两个家丁醉醺醺地钻了出来。他们手里提着短枪，显然是听到了动静。

"怎么回事？"一个家丁半睁着醉眼向用人们发问，看来，他们根本没去想什么红党。

就在这时，两条黑影敏捷地扑向两个家丁，只听两声闷响，两个家丁的太阳穴上各着了一拳，接着，他们像两条死狗一样，吭也没吭一声就倒在天井边上。

与此同时，另一条黑影打开了院门，又冲进来十几条黑影，他们封死了东西厢房的门，又向正屋扑去。

东厢房里,四个家丁正专注地搓着麻将。他们听到门响时,以为是别的家丁过来看牌,连头也懒得抬一下。当一声"不许动"的低吼响起时,早有黑洞洞的枪口对准了他们。一个小头目模样的家伙慌忙去铺上拿驳壳枪,右手冷不防被一把飞过来的刀子扎了个正着,痛得他跪倒在地上嗷嗷直叫。

此刻,正房的堂屋里灯火辉煌,神龛上的香火不绝,青烟袅袅。这间屋子全以上好的青砖、青石和杉木造成,十分讲究,在公安县城里也很少见,这都是主人盘剥百姓、明抢暗劫的成果。

堂屋正中,一群身着绸缎、满面红光的男女老少,正按习俗围定火盆守岁。那只硕大的铜盆里,年蔸烧得正旺,似乎象征主人蒸蒸日上的家业。然而谁也没料到,正义的惩罚之剑已高悬在他们头上。

在显要的位置上,坐着一个肥头大耳、身壮如牛的中年汉子,他正冲新娶的第四个老婆笑说着什么。这头恶牛正是这伙人要找的傅祖光。

傅祖光说来也算是一个人物,他的祖上是涂郭巷一带有名的大地主,他自己则是公安县臭名昭著的大恶霸。早在大革命时期,他怕革命者算他的总账,便带着钱财跑到上海躲了起来,当起了寓公。大革命失败后,在上海憋慌了的傅祖光又得意忘形地抖了起来,回到公安老家,他深知乱世之中,兵马不仅是一份保护,更是一份资本,于是不惜重金购置了枪支弹药,组建了一支团防队,又开始行凶作恶。不久，傅祖光的团防队果然被国民党军队收编，他当起了国军第七十三师的一个营长。自此，他便常常借"清乡"之名，到处烧杀抢掠，欺压百姓。他对要革他命的共产党尤其仇视，每次抓住共产党员和农民协会的干部，无不施用残忍的酷刑。他剜掉过共产党员的双目和膝盖，割掉过农协干部的生殖器和耳朵。他最惯用的一招，是经常将抓住的人打得浑身血肉模糊，然后把麻条布筋贴在血肉上，待血渍干后，便将紧贴在肉上的麻条布筋一条条地往下撕，使受害者痛得死去活来，惨叫不绝。因傅祖光凶残无度，公安县的老百姓都称他为"傅阎王"。一提到他，老百姓个个切齿，人人胆寒，谁家有小孩哭闹，只要说一声"傅阎王"来了，小孩立刻就不敢哭闹了。这正是这伙人今夜来找他的原因。

傅祖光家庭院深深，堂屋里的人又笑闹成一团，因此对外面发生的事，一点也没有觉察到。当十几条黑影破门而入时，傅家的老小都吓得七魂少了六魄。

傅祖光作恶太多，自己时刻担心着这一天的到来，因此很快就清醒过来。他想招呼家丁，但这个久经阵势的恶霸情知无望，于是他浑身发抖，双膝跪了下去。

英武青年冷笑着说:"姓傅的,你抬起头来,看看老子是谁?"

"啊……段……段段……"傅祖光的肥脸顿时煞白,知道自己的末日已到。

原来,这英武青年不是别人,正是威震敌胆的段德昌。

段德昌一直神出鬼没地活动在洪湖地区,领导红色暗杀队杀了不少土豪恶霸和反动派,敌人简直是见了他的影子就灵魂出窍。

段德昌对围观的群众发表讲话,他说:"乡亲们,你们现在可以欢欢喜喜过一个新年了,不过,这才是一个开始,好日子还在后头。但是大家要看到,公安县城还驻扎着反动派第十八军的一个团,对岸的郝穴口还有敌十八军一个营,杨家场还有敌人的一个保安团,他们随时都会扑上来抢杀我们涂郭巷。因此,我们要大力发展革命武装,建立一支有战斗力的公安县游击队!"

暗杀队副队长戴补天接着说:"我们要用实际行动响应县委的号召,积极参加咱们穷人自己的队伍,现在开始参军报名登记。"

很快,一百多名青年争先恐后地报名参军,组建了公安县游击大队。段德昌兼游击大队长。

这时,段德昌闻知贺龙和周逸群也到了洪湖地区,并知道他们与贺锦斋等人在监利、石首组建了洪湖地区的第一支工农革命军——第四十九路军,于是赶紧派副队长戴补天前去联系,谁知此时贺龙和周逸群已经从石首起程去了湘西,几位英雄竟失之交臂。为了集中力量组织革命武装,段德昌积极准备带领队伍向洪湖地区的中心监利发展。

创建洪湖赤卫大队

段德昌在公安县各地暗杀土豪劣绅屡屡得手，气坏了国民党反动派，他们出动了县警备队和铲共团，四处围攻红色暗杀队，却被红色暗杀队灵活机动的游击战术打得大败。段德昌出身于黄埔军校，精通兵法，知道敌人不会善罢甘休，于是着手大力扩充革命武装。

公安县对江的江陵县有个马家寨，寨内有一支农民自发组织的自卫武装——大刀会。这个大刀会分布到了周围的乡镇，共有二百多人，人人善使大刀，平时务农经商做手艺，定期集合操练，召之即来，来则能战，颇具战斗力。大刀会的首领是姓马的父子三人，他们在地方上行侠仗义，除恶扶善，江湖义气很浓，很受老百姓拥护。由于马家寨远离江陵县城，又滨临长江，易守难攻，反动派虽早有歼灭和收编之意，但一直不好下手。段德昌了解这一情况后，决定抢在反动派的前面，把这支武装队伍拉到革命阵营中来。然而就在此时，大刀会出了一件大事。

原来，在马家寨西北不远的地方，有个白露湖。

白露湖地处江陵、潜江和监利三县边界，远离国民党的政府机构，是一个僻远的土匪出没的地方。当时,白露湖边有个湖霸叫薛老大，他勾结官府，拉起一支一百多人的土匪队伍，他们到处丢票喊款，明抢暗劫，无恶不作。前不久，薛老大以欠渔租为名，将渔民曾德庚的女儿抢去奸污了，致使曾德庚的女儿含辱投湖而死。渔民们闻知，群情激愤。曾德庚的表弟是大刀会会徒，遂将此事告知了首领马定义。马定义连夜派人潜入薛老大家，杀死其父其子，并放火烧了薛老大家的屋子。薛老大查出此事是大刀会所为，气急败坏地买通国民党江陵县民团，突然袭击马家寨。然而大刀会早有准备，他们与当地百姓将民团与薛老大的土匪队伍团团围住，打得落花流水。薛老大哪肯甘休，便带人杀了马定义的岳父与小舅子。马定义大怒，召集了大刀会的全部人马，准备直扑白露湖报仇雪恨。大刀会正要起程之时，手下人前来报告马定义，说是寨外有人求见。问清来人的情况后，马定义决定先见来人，然后再去报仇。

前来拜见马定义的人叫胡方熙，是段德昌派来的共产党员。马定义和他的大刀会对共产党素有好感，而胡方熙又是他们久慕大名的段德昌的手下，岂有不见之理？

马家父子将胡方熙迎进寨子，看了段德昌的亲笔信，分外高兴。

原来，段德昌在信中诚恳地讲了共产党的宗旨和原则，请马家父子和大刀会加入共产党的革命队伍。

第二天，马家父子即随胡方熙过了长江，段德昌和戴补天早早地在南岸的杨家场迎接了他们。段德昌听马定义说了薛老大奸污曾家姑娘并杀了他的岳父和小舅子的事，不禁拍案而起。

段德昌说："白露湖是块打游击的好地方，我们正可利用起来，岂能容这个湖霸占驻，一定要尽快将他消灭！"

马家父子见段德昌如此仗义，便爽快地答应加入共产党的队伍。

段德昌收编了马家寨的大刀会，即率领队伍开向白露湖，捣毁了薛老大的老巢。薛老大没料到大刀会归了共产党，被打了个措手不及，狗头也被大

△ 洪湖赤卫队深入芦苇荡(连环画)

刀砍下。

杀了薛老大，解放了白露湖，段德昌的队伍军威大振，又招收了不少人马，革命武装力量进一步增强。

1928年3月底，段德昌以公安各区的红色暗杀队和大刀会的人马为基础，在白露湖边的监利严家场召开了一次重大的会议。会上，他们改选了鄂西革命委员会，成立了鄂西赤卫大队。段德昌当选为鄂西革命委员会主任，兼赤卫大队长。

4月初，国民党湘鄂西"剿共"联防总司令夏斗寅派了两个团的兵力，对鄂西赤卫队进行"围剿"。在敌强我弱的态势下，赤卫队处于到处挨打的被动地位，鄂西特委遭到了严重的破坏，特委书记张计诸也被反动派在沙市抓获。在此情况下，段德昌只得率领赤卫队向石首桃花山突围。在突围过程中，赤卫队伤亡惨重，到了桃花山时，仅剩二十多人。段德昌分析了一下形势，认为赤卫队势单力薄，必须尽快到洪湖湖区去与监利、沔阳的革命武装会合，以集中力量与反动武装作斗争。

不久，段德昌率鄂西赤卫队与彭国材领导的洪湖水上游击队会合，成立了洪湖赤卫大队，段德昌任大队长，彭国材任副大队长。在洪湖的一个荒岛上进行严格的军事训练。从此，以监利为中心的洪湖革命根据地正式形成，湘鄂西的革命武装斗争出现了新的局面。

屡战屡胜

(1928—1931)

→ 开创洪湖苏区

段德昌从 1927 年冬担任中共公安县委书记到 1933 年夏冤死于鹤峰金果坪，只有短短的五年多时间，这条火龙闪跃腾挪，在大小百余仗的战火里，他机动灵活、克敌制胜，赢得了"常胜将军"的美名，充分显示出他是理论与实践兼长的军事家，是我党少有的军事奇才。

1928 年 5 月，段德昌率领游击队渡江东下，初创了洪湖根据地的基础。后来，段德昌与周逸群、贺龙一道，成为湘鄂西革命根据地的主要创始人。

双雄会，洪湖练兵

洪湖赤卫大队成立后，在洪湖的一个荒岛上进行严格的军事训练。这时迎来了苦寻革命支点的另一位湘鄂西革命根据地的主要创始人——周逸群。

周逸群于 1898 年 7 月生于贵州铜仁，1913 年就读于贵阳南明中学，1919 年赴日留学后，即参加了五四运动。1924 年，周逸群考入黄埔军校第二期辎重队，并由鲁易和吴明介绍入党。1925 年 2 月，他组建了"革命青年军人联合会"。1926 年 9 月，他参加了北伐战争，担任师长。1927 年，他参加了南昌起义，战功卓著。他是中共早期著名的政治家之一。

周逸群和贺龙在湘西成立了工农革命军，同时建立了革命政权和桑植县委。然而苦竹坪一战，周逸群与贺龙及队伍失散，因反动派搜查太严，

▷ 贺龙与周逸群

他对地形不熟，又操着外地口音，容易被敌人发现，他只好化了装，只身奔赴洪湖地区，以期找到肖仁鹄、滕树云和李兆龙等人领导的工农革命军第四十九路军后，策应湘西贺龙领导的革命军。

1928年4月底，周逸群从湘西来到了洪湖地区的石首县境，发现中共鄂西特委遭到破坏，工农革命军第四十九路军遭到重创，决定找到党组织，重建鄂西特委。

周逸群赶到石首调关，住进了一家客栈。刚刚用了饭，正在喝茶看书，门外传来一阵嚷叫声。他赶紧放下书，将门拉开一条小缝。他看见几个团丁正向客栈的伙计吆喝，说是要搜查共党分子，他估计自己是秘密来到石首的，不会是搜查的对象，便继续镇定地看书喝茶。

两个团丁推门进了周逸群的房间，他们见周逸群身着白衬衫，青西裤，黑皮鞋，架金丝眼镜，留西式分头，衣冠楚楚，风流儒雅，先自矮了半截。他们认为眼前这个三十来岁的男子，不是政府要员，便是有学问的大先生。

"先生，小的们得履行一下公事，您看……"留小胡子的小头目模样的团丁涎笑着说。

"没关系。"周逸群大度地一笑，从容地拿出一个大信封递了过去。

小胡子一看，接也不敢接了，连忙缩回手，慌张地说："对不起对不起，长官请包涵，小的们也是执行公务。"

原来，大信封上印有八个朱红方块字：

湖北省"剿赤"司令部。

周逸群用夸奖的口气说："你们搜查共匪，做得很对。"说着便向两个团丁递烟。

两个团丁受宠若惊，对周逸群更生敬畏。

那个矮小团丁讨好地说："长官，您晚上可别出去，小心点为好。"

周逸群故作不解地问："怎么回事？"

小胡子团丁说："段德昌的暗杀队离开了公安，向这边跑来了。这个段德昌，在公安闹得人心惶惶哩。这些共匪啊，简直他娘的神出鬼没哩！"

周逸群故作轻蔑地一笑："不要紧，中国毕竟是我们的天下，他段德昌真的就不要命么。"

两个团丁见周逸群这样大的口气，赶紧唯唯诺诺地告退了。

第二天天亮，周逸群从调关乘船过了江，赶到了工农革命军第四十九路军成立处下车湾，找到了原革命军第四十九路军游击队队员、洪湖有名的贺麻子贺闯。得知原鄂西特委的两位重要成员李兆龙和刘革非被贺闯送到段德昌那儿去了。

听说有段德昌的消息，周逸群激动地站了起来，恨不得立刻就见到他。在黄埔军校和南昌起义时，他就认为段德昌是一个不可多得的将才。他心想：现在他也到了洪湖，这实在太好了，革命队伍正缺少这样的军事指挥干部啊！

贺闯说："别急，今晚先好好睡一觉，明天早晨我带你去见德昌。"

原来，按照段德昌的安排，贺闯专门在进入洪湖的主要路口搭了草寮，化装成渔民，接待前往洪湖湖区的革命者，同时传递湖内外的消息，他成了洪湖党和武装组织的交通员。

周逸群说："这么说，你可成了梁山水泊的朱贵了。"

贺闯说："德昌让我来时，也是这么说的。"

第二天清晨，洪湖还蒙在一片水雾中时，就有一叶扁舟载着两条汉子，直向湖心驶去。这两个人自然就是周逸群和贺闯。

在湖水反射着金色的阳光的时候，扁舟驶到了湖心的一个荒岛边。这个荒岛叫清水堡，坐落在洪湖之中，方圆不过二里，四面是密密的芦苇。清水堡上，野草青蒿遍布，杂树芦苇丛生，水禽野鸟成群，狐獾兔子四奔。传说中，岛上盘驻着龟蛇二精，时常兴妖作怪，十分恐怖。这清水堡又叫精怪岛，在人们眼中又平添了几分阴森与恐怖。所以从来无人靠近，更不用说登岛居住。段德昌经过考察，认为这是一个极好的据点，便把队伍带上了荒岛。

"段德昌就在这里？"周逸群向贺闯问道。

贺闯点点头说："这还真是个好地方哩！"

周逸群跟着贺闯上了清水堡，穿过密密的芦林草滩，深入岛子中心，便见一面大旗火一般地飘扬着，红旗上绣着六个黄色大字——洪湖赤卫大队。红旗卜面，是一片整埋出来的开阔的平地，一群赤卫队员正在认真地练兵。这就是红二军团军史上著名的洪湖练兵（亦称清水堡练兵）。

这时，赤卫队前一个英武的青年扭过头来。周逸群见了，不由高兴万分。青年汉子见了周逸群，白净的脸上溢出惊喜之色，他剑眉一展，虎目放光，大步跨了过来。两位英雄的双手紧紧地握在了一起。

"德昌同志，你好！"周逸群热切地说。

原来这英武青年就是段德昌。

段德昌也激动地说："逸群同志，真没想到你会来到这儿呀，快说说湘西那边的情况吧。"

贺闯说："你总得让逸群先喝一碗茶吧。"

段德昌不好意思地笑了。

段德昌与周逸群不仅相识已久，而且还是黄埔军校的校友，周逸群虽高两届，但两人也在学校见过几次面，只是没打什么交道而已；后来两人都参加了南昌起义，同样也见过面，只是那时各司其职，没有深入的接触。后来两人都来到洪湖发动革命武装，但一个去了湘西，一个留在洪湖，只是互闻其名，不见其人。这次在洪湖中的荒岛之上，他们终于能在革命的大旗下并肩战斗，心中特别激动。

中午，段德昌亲自下厨，做了一桌子菜，为周逸群接风洗尘。段德昌不仅带兵打仗出类拔萃，炒菜也很有一手。不过，桌子上的菜也全是洪湖的土产，有鄂中名菜——洪湖三蒸中的清蒸鲶鱼，有洪湖特产红烧野鸭、酸辣鳝丝、黄焖大虾、砂锅兔丁，亦有渔家小菜凉拌藕梢、小炒蒿芭，还有一大钵蛇肉汤。

望着丰盛的午餐，周逸群笑道："赤卫队的生活还不错呀。"当然，他知道这是特地把自己当了贵宾。

段德昌感叹道："要说菜，确实靠水吃水，丰富得很，只是缺少油、盐、辣子，再好的菜也做不出好味道啊。另外，粮食更是缺少，有的同志已经因进粮太少而得了夜盲症，一到晚上，就什么也看不见了。"

周逸群想到转移到深山老林中去了的贺龙等人，又叹息了好一阵子。

周逸群一边吃一边说："德昌，洪湖地区的几个重点县，像监利、石首、江陵、公安和华容、临湘等，都地处荆江两岸，连着洪湖、洞庭湖，又在南北大铁路的交叉点上，实在是整个中原地区的咽喉，这一地区东可逼武汉，南可牵岳阳，西可制宜沙，北可守汉水，所以，洪湖地区的革命斗争，可以影响到全国，我们的使命不轻啊！"

段德昌连连点头说："这里的群众基础很好，只是各地党组织被敌人破坏得厉害，武装力量也比较分散，发动斗争也有许多困难。"他顿了顿说，"不过现在你来了，许多工作就好开展了。"

当夜，周逸群和段德昌、李兆龙等人，又召开了会议，研究制定了工作方针。会议决定：以洪湖及周边各县的农村为活动重点，发展党的组织和武装力量，特别注意不攻打城市；段德昌继续留在洪湖练兵、打游击战，周逸群和李兆龙去沙市白区，寻找鄂中党的组织，尽快成立新的鄂中特委，并联络好各县县委及武装组织，实行统一部署。决议作出后，即派人去向湖北省委汇报。

几天后的一个细雨蒙蒙的清晨，周逸群和李兆龙又乘着一叶扁舟，离开洪湖，奔赴沙市去开展地下斗争。

绕洪湖，四方点火

1928 年 7 月中旬，中共湖北省委派人到宜昌，正式组成了中共鄂西特委，以周逸群为书记，段德昌等为委员。此后，段德昌除继续领导洪湖游击队整训外，还和周逸群等一起，按照鄂西特委制定的新的工作方针，克服"左"倾盲动主义影响和地方主义观念，恢复整顿中共和群众组织，建立农村根据地，开展武装斗争，使中共组织和游击队不断壮大，到当年秋季，特委领导的革命力量已扩展到23 个县。

7月下旬，为打开宜都江北党组织的工作局面，段德昌率两名游击队员，携三支手枪、步枪从公安再次来到安福寺，分期分批秘密组织近百名党员、农协会员月夜在玛瑙河河滩上进行了为期一个多星期，以射击、投弹为主要内容的军事训练。夜间视线不好，段德昌就用油灯作为队员练习瞄准的目标。训练期间，段德昌则天南地北、兴致勃勃地与队员漫谈，宣传革命思想：

"我们穷人受压迫，要打倒土豪劣绅！……"

"毛泽东、朱德领导的工农红军有根据地，在江西……"

还给队员们讲自己的故事，讲彭德怀的故事。

一天夜晚，这位黄埔军校的高材生，率领数十名军训队员急行军三十余公里，奔袭宜都长江北岸的国民党罗家河关税厘金局，缴手枪一支、银元数百元，使队员受到一次实战锻炼，开创了宜都江北工作的新局面。

同年冬，中国工农红军洪湖游击大队正式成立，段德昌任大队长。他率领这支经过训练的队伍相继袭击杨林尾、剅口、峰口、府场等地的敌军。仅峰口一仗，就歼敌八百余名，缴获了许多枪支。在此基础上，他们以洪湖边上的瞿家湾、柳家集为中心，建立了小块的游击根据地。

1929年2月，段德昌参加了中共鄂西特委在江陵沙岗召开的扩大会议。这次会议传达了中共第六次全国代表大会精神，结合总结鄂西革命斗争的经验，作出进一步发展群众组织，健全地方党部，彻底纠正"盲动主义"和防止"和平发展"思想等决议。会议着重研究了发展游击战争的问题，确定以江陵、石首、监利三县为发展游击战争的重点地区。会上，段德昌当选为特委委员。会后，段德昌、彭国材率领洪湖游击大队，利用监沔交界地区河港交错、苇林茂密的自然条件，在当地赤卫队的配合下，消灭了号称"铁军"的分盐团防局，攻克新老嘴、岳口等地，并与在石首、华容东山一带活动的段玉林领导的游击队一起，建立了江、石、监三县的红色政权。

1929 年 3 月，中共沔阳党组织遭到国民党严重破坏，段德昌奉命调到沔阳担任县委书记。

段德昌代表鄂西特委在沔阳谢家湾附近的天主堂召开了沔阳县的党员大会，把遭敌严重破坏的沔阳县中共组织恢复起来，并重建中共沔阳县委。面对气焰张狂的地方保安团，他提出"硬碰硬"的策略，把攻击目标锁定在当时实力最强的张泽厚身上。

张泽厚是沙口镇著名的豪绅，拥有良田千顷，他效仿曾国藩，从训练家丁入手，招集地痞、流氓和惯匪，组编了一支五百余人的沔阳保安团，逐步控制了峰口、府场一带，成为沔阳实力最强的地主武装。张泽厚心狠手辣，凡是落入他手中的共产党员、游击队员一律处死，他常用的刑法是五马分尸、开膛破肚、点天灯。当地人称他为"活阎王"。

"张泽厚号称打遍沔阳无敌手，我这次要他倾家荡产，血本无归。"战前，段德昌做政治动员。为了鼓舞士气，他教唱了一首歌曲：

> 老子本姓天，家住洪湖边。
>
> 有人要捉我，除非是神仙。
>
> 枪口对枪口，刀尖对刀尖，
>
> 有我就没你，你死我见天。

其实打张泽厚根本不用动员，游击队员对他恨之入骨，情愿与之俱亡。但是，张泽厚老谋深算，兵强马壮，从来没有打过败仗，能战胜他吗? 游击队员都很担心。

段德昌和沔阳县委研究，决定采取"端窝智歼"的方法。他先是派出小分队突袭沙口镇，活捉张泽厚的父亲，批斗、游街、斩首示众，再把他的大管家一顿大棍，打得皮开肉绽，然后开释。大管家跑到峰口哭诉，张泽厚气得咬牙切齿，当即带着五百多人直奔沙口镇，一头撞进段德昌预设的伏击圈，被打得死的死，伤的伤，张泽厚只身逃往峰口。智歼保安团后，游击队力量大增，洪湖各地也都建立了守备队。守备队每大队有船十二只，下属四个小队，每小队有船三只，每船三人，配备一门土炮、一支土枪，活动于各个水口，配合游击队作战，保卫苏区的安全。

接着，段德昌兵指峰口镇。由于沔阳保安团被歼，国民党紧急调派正规部队一个营进驻防守。该营在镇外抢挖了一道深达数米的水壕，又在水壕与城防工事之间铺设了铁丝网、梅花桩和鹿寨。

敌营长忙活一阵后，自信万无一失，遂把兵力集中在进出峰口的要道、路口。张泽厚刚吃过段德昌的亏，一再劝说营长加强纵深防备："营座，段德昌奸猾过人，尤其善用奇谋，经常兵走偏锋，出人意料，只注意镇口恐怕还不够。"

"瞧你一副熊包样！你几时见过游击队敢强攻成营的正规军？借段德昌个胆，他也不敢！你不懂游击队的策略，他们从来不打攻坚战。"敌营长训斥道。

出人意料人是，段德昌偏偏不按常理用兵。他绕过敌人重兵设防的镇口工事，把突破口选在镇外背面。半夜时分，他亲率三百余名游击队员，用梯子和木板搭桥，爬过水壕，剪破铁丝网，绕过梅花桩，搬开鹿寨，神不知鬼不觉地摸进敌营，向睡梦中的敌人发起攻击，敌营长、张泽厚等少数顽抗者被打死，大部分士兵束手就擒。峰口之役，消灭敌军一个整营，缴获轻重机枪和步枪数百支以及其他物资，游击队声威大振。

这期间，段德昌等还带领游击队员积极做群众工作，向群众宣传解释党的政策，发动和组织群众。在监利、沔阳的下东湾、剅口、柳家集、瞿家湾一带，江陵的白露湖畔、沙岗及其周围，石首北部的冯家潭子、小河口以及华容的东山等地，都建立了区、乡农民协会和赤卫队、妇女会、少先队等组织，并成立了区、乡苏维埃政权筹备处，红色割据的局面逐渐形成。

除恶霸，"火龙"显身

1929年春，游击队改编为"洪湖赤卫队"，周逸群任队长，段德昌任参谋长。原鄂西特委军委书记邹资生在战斗中牺牲，段德昌接任军委书记一职，协助周逸群统筹全区军事工作。

洪湖赤卫队成立之后，周逸群、万涛又召开了各县县委书记会议，纠正了那些不顾客观实际条件的盲目暴动行动。党员们在合法的职业掩护下，展开了秘密工作。军事上采取"你来我飞，你去我归，人多则跑，人少则搞"的游击战术，保存和发展了自己的力量。由于赤卫队员经过荒岛训练和三屋墩整顿，战斗力大大提高，几仗之后，那些团防们听到赤卫队的名字，无不胆战心惊。

就在这时，发生了蒋桂之战。敌人无力对付革命武装力量，洪湖地区的革命力量得以迅速壮大。周逸群、段德昌指挥着洪湖赤卫队在群众基础好的石首、监利、沔阳三县，发动了攻击，把各乡镇的团防一扫而光，十七天内作战二十一次，均大获全胜，吓得那些土豪劣绅，一个个龟缩在县城和大村镇内叫苦不迭。

洪湖赤卫队增加到上千人，编成了三个大队，一大队长彭国材，二大队长贺闯，三大队长段玉林。周逸群仍为总队长，段德昌为参谋长。

蒋介石下令五十师师长谭道源率其部赴洪湖"围剿"赤卫队。转眼三个多月过去，谭道源不但没有抓住赤卫队，他的兵倒死了不少。蒋介石遂又增派了三十四师岳维峻部。

这时洪湖赤卫队二中队副队长王金标被彭霸天收买，使二中队遭到了敌人袭击，二百多名队员仅数人幸免。队长贺闯的头被割下游街示众。

段德昌对周逸群说："逸群，敌人的气焰如此

△ 电影《洪湖赤卫队》海报

嚣张，我们要狠狠地打他一下，以鼓舞群众，压敌凶威。"

周逸群说："是要打，只是不可现在打，现在敌人正为抓不住我们而焦急，谭、岳两敌连同民团加在一起，兵力多我十数倍，我当避其锐气，待他麻痹之时，乘其不备，寻其弱处，狠狠地打他一下。"

这样，尽管敌人无论怎样在洪湖中横冲直撞，周、段只是按兵不动，并令人传出了话，说赤卫队头头周逸群、段德昌慑于岳、谭大军之威，已从洪湖地区逃走。这消息很快传到了彭霸天耳内，彭霸天好不得意。

彭霸天哈哈大笑："三头。"

彭老三赶紧起身答道："老爷有何吩咐？"

彭霸天把右手一扬："下请帖，请谭、岳二位师长到八仙楼赴宴，过腊月二十三的小年儿。"

彭老三答应着，刚要走，有人急急进来，向彭霸天报告说："大爷，岳、谭二位师长来了。"

彭霸天赶紧整整衣冠出迎，谭道源、岳维峻已进了中门。彭霸天赶紧举手作揖道："正要派人去恭请二位师长，没想到二位师长亲登寒舍，万望恕罪。"

岳维峻笑道："我们是给彭兄贺喜来了，经何成浚省长批准，彭兄为五县清乡司令，自此，五县团防，均归彭兄辖管。"

彭霸天继续作揖，满脸堆笑地说道："多蒙二位提携，此恩小可永世不忘。"宾主落座之后，有人献茶。彭霸天继续说道："小可在八仙楼备一便宴，正要派人去请二位师长光临。"说着，彭霸天一扬手："来人哪！"

即时进来了两个人，每人手中托着一个铜盘儿，上面各放着十根金条。彭霸天指着金条笑道："二位师长为剿赤匪，日夜辛劳。这些微礼，算是小可一点心意，希望笑纳。"

谭、岳二人见了金条，哪有不高兴的？遂说道："我等来洪湖，已烦彭兄处不少，哪能再受此厚礼？"二人略一推辞，便收下了这些礼物。

彭霸天和谭、岳三人在随从马弁呼拥之下，直奔八仙楼。这天正是集日，彭家墩街里街外人很多。卖货的、买货的，乱哄哄的。三人来到街上，见一卖唱的，唱的都是吉利词儿，谭、岳二人听了很高兴，岳维峻顺手把一块光洋扔给了卖唱的。再往前走，见一堆人围着一个汉子，不住喝彩，虽是腊月天气，那汉子却赤身露臂，手舞双刀，正耍到热闹之处，只见刀光，不见人影儿。三人看得呆了，岳维峻夸奖说："这人身手不凡，做个保镖的一定合适。"

岳维峻三人正往八仙楼走去，街心突然响了一枪，顿时街上一阵大乱。赶场人纷纷四窜。彭、岳、谭三人不知发生了何事，正打愣儿张望时，只见那个舞刀卖艺的大汉，一步窜到了彭霸天眼前，手起刀落，彭霸天便身首异处。随及又一刀，向谭道源砍去，谭道源头一歪，左臂被砍伤。岳维峻见此状，拔枪要射。就在这时，他身后一赶场人，抽刀便朝他砍去。岳维峻头一歪，右耳被削去半块。谭、岳知道事情不好，慌忙逃走。

这时，街面上大乱了，枪声乱成了一锅粥。保卫团也都出去了，可满街跑的都是赶场之人，到哪里去抓赤匪？不一会儿，只见一股浓烟直冲天际，原来是彭霸天的房子着了火。大火越烧越旺，把彭霸天的一大片房子都烧着了。老百姓早已对彭霸天恨之入骨，谁还去救火？彭霸天手下之人，见彭霸天已死，也都趁火打劫，把彭霸天的财宝抢了不少。晚上，谭道源闻信，派了一个团的兵丁前来救火。突然，一阵狂风刮来，只见腾起一条巨大的火龙，直奔那些张牙舞爪的救火的兵丁，把他们烧得抱头鼠窜，边跑边喊："火龙来了，火龙来了。"

这场火整整烧了一天一夜，彭霸天的一大片宅院，烧得瓦片无存。洪湖的百姓纷纷传出赤卫队里有一条火龙,这火龙就是段德昌。说他在彭家墩街上舞刀卖艺，刀劈彭霸天，砍伤岳维峻，半夜时又显出火龙真形，烧跑谭道源的救火兵丁。从此，洪湖便有了"火龙将军"的传说。

消灭彭霸天是赤卫队很早就有的计划。那天，周逸群、段德昌布置了赤卫队员化装成赶场之人，进了彭家墩，段德昌化装成卖艺的，周逸群化装成卖字的。他们原计划在八仙楼动手，谁知那谭、岳三人却逛了大街。队员们便乘势动了手，砍死彭霸天，砍伤了谭道源和岳维峻，火烧了彭霸天的宅院。

"飞"起来，军事理论

1929年7月，鄂西特委将监利、沔阳游击大队和江陵、石首、华容游击大队合组为鄂西游击大队，由周逸群兼任大队长，段德昌担任参谋长。不久，周逸群为充分发挥段德昌的军事才能，令他接任大队长一职。

段德昌是理论与实战兼长的军事家，他与周逸群一起，创造和总结了一整套水上、平原游击战术，如"分散游击，集中指挥"；"避其锋芒，击其无备"；"只打虚，不打实，要打必胜，不胜不打"；"分兵发动群众，集中应付敌人"；"敌来我飞，敌去我归，（敌）人多则跑，（敌）人少则搞"。

段德昌在战略原则上也有重大建树。鄂西特委在《鄂西农村工作》中提出进退两种策略：即当敌人合力进攻赤区时，我军应取"保存实力的原则，埋伏于群众之中，看清敌人的弱点，出其不意地袭击敌人的后方，使其疲于奔命，士兵发生动摇，甚至引起兵变"；当敌军内部发生冲突时，我军则应主动出击, 傍着苏区向外扩张。这两种策略与毛泽东的波浪式发展思想有异曲同工之妙。

段德昌在给鄂西特委报告中还写道："鄂西游击队的区域, 没有高山掩护, 而且交通便利, 敌军调遣进攻非常容易。若无群众拥护, 则非常危险。当我们初发动的时候, 实在没有好多把握, 以为武装发动多了, 目标必大, 易被敌人包围。其实只要有好的群众组织, 武装虽多, 敌人在军事上也不易包围。"这里所提到的在没有高山掩护的交通便利地区, 利用群众组织保护和发展武装力量的观点, 在抗日战争时期被八路军总结为"人山"的思想。

段德昌十分注重部队的作风纪律建设。为了把这支主要由农民、渔民和猎户组成的游击队训练成为正规的人民军队, 他编写《红军纪律歌》, 亲自到连队教唱。

歌词中写道:

大马刀, 红缨枪, 我到红军把兵当,

革命纪律要遵守, 共产党教导记心头。

行动听指挥, 团结又友爱;

官兵同甘苦, 平等来互助;

吃苦抢在前, 享受放后头。

大马刀, 红缨枪, 我到红军把兵当,

革命纪律要遵守, 共产党教导记心头。

爱护老百姓, 到处受欢迎;

遇事问群众，买卖讲公平；

一针和一线，不损半毫分。

由于语言通俗，教诲亲切，节奏简明，韵律优美，《红军纪律歌》不胫而走，传遍洪湖水乡。这首歌不仅提高了广大指战员的纪律意识，而且还让苏区人民认识到了红军才是自己的队伍。

在段德昌的指挥下，鄂西游击大队在半年之内发生了三次质的飞跃。1929 年秋，组建不久的鄂西游击大队扩编为鄂西游击总队，拥有一千余支枪；1929 年 12 月，鄂西游击总队升编为中国工农红军独立第一师（又称中央独立师），部队增到四五千人；1930 年 2 月，根据中央指示，独一师升编为中国工农红军第六军，下辖三个纵队共计七千余人。随着部队的飞速发展，段德昌的军事职务也出现"三级跳"，由大队长、总队长晋升为红六军副军长。

1930 年春，段德昌奉命参加在上海召开的全国红军代表会议。开会期间，他撰写了《鄂西游击的经过及其现状》，系统地总结了洪湖地区游击战争的经验。他与各苏区军事负责人广泛交流、比较，得出了红六军的三个显著特点：一是在群众斗争中产生、发展起来，没有旧式军队的坏习气；二是有较高的政治觉悟并保持了与广大群众的密切联系，易于与群众打成一片；三是有吃苦耐劳的精神，不怕牺牲，长于夜行军。

返回洪湖苏区后，段德昌传达贯彻会议精神，致力于部队由分散到集中、由游击战到运动战的转变，并利用 1930 年春蒋（介石）冯（玉祥）阎（锡山）军阀混战之机，指挥红六军大举向外扩张，迅速将江陵、石首、沔阳、监利、潜江以及华容等县红色区域连成一片，最终形成了以洪湖为中心的纵横数百里的根据地。湘鄂西革命根据地的中心——洪湖苏区正式诞生。

对于周逸群、段德昌创造的水上、平原工农武装割据经验，毛泽东后来给予很高的评价。他说："红军时代的洪湖游击战争支持数年之久，都是河湖港汊地带能够发展游击战争并建立根据地的证据。"

段德昌的军事思想主要内容有：要革命就必须建设一支高素质的革命武装，无产阶级政党要领导人民进行革命，就得建立一支素质远胜过敌人的革命军队。这支武装必须是无产阶级性质的，同劳动人民群众有血肉联系，并具有严格的纪律。加强共产党的领导，红军中的党组织要特别健全，对每一个问题党都要起领导作用。每个党员都要掌握军事知识技术，以便指导游击战争，实行作战指挥。红军中的一切工作都要建立在广大兵士群众觉悟基础上面，加强对部队特别是广大兵士的政治思想教育，以提高阶级意识和政治觉悟，树立革命理想，培养英勇奋战、不怕艰苦牺牲的精神，自觉拥护并实行党的纲领和政策。在部队中树立处处

△ 中国共产党湘鄂西特委旧址

热爱人民、为了人民的观念，建立严明的纪律。把行动听指挥，平等互助，团结友爱，吃苦在前，享受在后，爱护老百姓，遇事问群众，买卖公平等，作为部队的行动准则，互相督促，自觉遵守，奖罚严明。干部战士要牢记红军是共产党领导的部队，是人民的子弟兵，决不能做对不起人民的事，并以各种方式广泛向群众宣传革命道理，解释党的政策。以山地和湖区的地理条件作掩护，以避敌锋芒、积蓄力量。反对消极避敌、只守不攻的"上山主义"和"下湖主义"。作战中要充分发挥我军熟悉地形、善于近战夜战的特长，出奇制胜，收到以少胜多、以弱胜强的效果。在部队中建立战评制度。每次作战后，都要开批评会，鼓励兵士群众对战斗情况和干部指挥进行公开批评，由最高指挥员作讲评。通过这种办法使部队做到打一仗进一步。游击战争中必须把人民群众动员、组织、武装起来，随时随地支援和配合红军作战。红军作战定要得到群众的拥护和帮助，才有胜利的把握。必须动员广大群众去袭击敌人，同时要加紧红军的政治宣传，使敌人士兵同情革命，或投向红军中来。

段德昌的军事思想，对于毛泽东军事思想的形成、土地革命战争时期湘鄂西苏区的创建和发展，起了一定的积极作用。对于主要由他领导的部队的建设和作战的胜利，起了重要指导作用。

赠大刀，勇克"神兵"

1930 年的一天，白极会四千多个匪徒像蝗虫一般，飞过东荆河，直向洪湖苏区的腹地——峰口镇扑过来……站在峰口河西岸土堤下的赤卫队员胡大水，眼睛睁得大大的，双手紧握梭镖。不知是激动，还是胆怯，他心里老是"怦怦怦"跳个不停。听老人说，白极会匪徒，人人有"神符护身"，是"刀枪不入"的。他心里有些紧张，不时转头向两边看，红军还没赶到，沿着土堤排列着的赤卫队员中间，有不少人因过度紧张脸色苍白，他的心更慌了，低声问站在旁边的陈向忠："中队长，白极会打不死，你说这是真的吗？"陈向忠见他问得好笑，故意回答道："谁知道呢，等红六军到了，打给你看看。"

"怎么，有点害怕了？"旁边一个热情亲切的声音。胡大水回头看去，一位身材瘦长的青年渔民站在自己身后。

陈向忠笑着问："同志，你是……"

渔民笑着回答："我也是县赤卫总队部调来打白极会的呀……"

陈向忠拉着他的手："来得太好了，你们来了多少人？"

胡大水摇摇头："来得再多，又有什么用？……"

渔民拍着胡大水的肩膀问："为什么？"

胡大水平时喜欢下棋，好似棋局比战事。他憨笑着说："红军不来，就怕我们这些小卒过河，顶不住白极会的车马炮！"

"你会下棋？"渔民低头看见他们脚下摆着一盘没下完的残棋，笑着说，"来，我们接着下完它！"

远处突然传来一阵呐喊声，胡大水忍不住朝远处望去。那里，白极会匪徒正向峰口蠕动。他忙说，"白极会快来了，还下什么棋！"

渔民顺便看了对河一眼，说："还远着哩，别发慌。打仗跟下棋一样，要沉住气，不能被对手吓退了！"

胡大水不好意思地点点头。他爱下棋，下得确实不错，全中队没有对手。青年渔民这一讲，他高兴了。他知道，这盘棋陈向忠是非输不可，因为陈向忠已亏了"子"，比他少一马、一车。因白极会快来了，他心乱如麻，不肯把棋下完。现在青年渔民要接这盘倒霉棋，准输。胡大水求胜心切，渔民小心应付，不一会儿，白吃了胡大水一个马。胡大水急了，紧紧围攻渔民的炮。渔民一边周旋，一边把两个小卒子拱过了河，步步逼近。等胡大水感到威胁时，两个卒子已"兵临城下"了。为了保帅，胡大水不得已用一个车拼了一个卒，后来还是输在了另一个卒子手里。一场赢棋走输了，胡大水直了眼。

　　渔民看着胡大水："怎么样，老弟，你没把卒子看上眼吧？卒子过河顶车使呢！"

　　白极会的进攻开始了！最先是在匪群中升起了一面画着"北极图"的黄色大旗，接着便是一百多个"硬肚子"头目，头缠白布，光着膀子，胸戴画着"北极图"的护命兜，腰系红布条，排民三行，在总头目周亮的带领下，朝大旗磕头礼拜，跪着烧化了黄表，每人都喝了一大碗朱砂"神酒"，举着大刀，像酒疯子一样高声狂叫着："打不进，杀不进，西天佛爷护我身……"踩着喧嚣的锣鼓点子，又是蹦又是跳地直向五峰桥冲来。

　　"中队长……"胡大水慌张而焦急地喊起来。

　　渔民边收棋子边说："老弟，不要急，刚才你的棋子就是输在河卒子上嘛。你应该鼓起勇气，冲过河去，吃掉白极会的车、马、炮！"说完，就往桥头走去。他的脚步是那样稳重有力，神态是那安详坚定，即使白极会匪徒们冲过桥去，他也不慌不忙地走下去。

这时，一个身背驳壳枪、手捧大砍刀的红军小战士走过来，微笑着对胡大水说道："段军长要我将这把大砍刀送给你。要你亲手砍死几个白极会头目，看看他们到底是不是刀枪不入！"

胡大水惊住了："段军长？"

"是啊，刚才你不是和他下了一盘棋？"警卫员小吴双手把刀递给胡大水，"段军长说，仗打完了，请你到军部再跟他下一盘棋！"

胡大水激动地接过砍刀，热血直往身上涌，全身充满了新的勇气和力量。这时候，无论是枪弹、大刀、匪徒的怪叫，都不能使他害怕和动摇了。他举着大砍刀，沿着河堤，冲向五峰桥头。"冲——啊——"峰口镇发出了雷鸣般的呐喊声。这喊声应着冲锋的号声，红军战士从河堤下，从渔船上，从木桥上，闪电般冲过河，杀向白极会匪徒！有多少恨啊，不管是会首、会徒，只要碰上，就是一梭镖，连枪杆都捅进了匪徒的胸膛……白极会匪徒的阵脚大乱，纷纷向四处溃散，全部成了俘虏。

在段军长的率领下，赤卫队员在峰口将白极会匪徒打得四处溃散，赤卫队员胡大水冲入混乱的匪群中，飞舞着雪亮的钢刀，左劈右砍，像在湖滩上砍芦苇一样，一刀一个。段德昌看到此情此景，高声喊叫："快住手，红军优待俘虏，缴枪不杀！"

胡大水杀红了眼，气愤地说："他们杀了我们那么多人，烧了我们那么多民房，一举手投降就算啦？不行！老子要以血还血！"说着举起钢刀，正要劈下去，胳膊猛然被人抓住了，胡大水回头一看，是刚才跟他下棋的段军长。

段德昌严肃地说："你这是干什么？把刀收起来！"

胡大水对白极会的仇恨，使他忘了在同谁说话，他暴跳着："你是白军还是红军？是红军就支持我们报仇！"胡大水突然一转身，把刀一举，向一个会徒砍去。那会徒一缩头，路边一棵小杨树被削断了。

段德昌一时气得浑身发抖，挥了一下手："你，你……你这简直是胡闹！警卫员，把他给我捆起来！"警卫员小吴跳上去，伸手抓住了胡大水握刀的手。

胡大水一时火起，拗性发作，顺势一脚，将小吴踢开，咬牙切齿跳到段德昌的面前，叫道："你送给我一把刀，又不许我报仇，我不干啦！"说着，把刀往段德昌的手里一塞，回身就走。

段德昌一动不动地站在那里，脸色变得严峻了。白极会是一支穷凶极恶的反动迷信武装，它搜罗了监利、沔阳两县的一些地痞流氓、不法之徒为头目，打着"上应北极星，为民求太平"的旗号，四处设坛立会，求神祭天，利用封建迷信蒙骗群众，由于他们打着"为民"的幌子，所以很快发展到一万余人。趁红二军团主力在襄河北岸开辟新区之机，窜进洪湖苏区制造了骇人听闻的"东荆河南岸大血案"，烧毁三万多间民房，屠杀革命干部和群众四千余人。匪徒们还把群众投入东荆河，堆起来当桥墩，然后搭起木板，过人过马……红二军团前委要他带领红六军十七师赶回苏区来，解救群众，彻底消灭白极会。但是，不能光靠军事行动，还要发动群众，揭露白极会的反动面目，争取受骗的会众，打击反动头目。而这些赤卫队员，由于对白极会的切齿仇恨，使他们忘掉了红军的优待俘虏政策。

胡大水已经大步走上桥头，段德昌仍然一动不动地望着他的背影。警卫员小吴在一旁望着军长火气冲冲的脸，小心地说："唉呀，军长，刚才他把我踢倒，我真担心你要枪毙他哩！"

突然，段德昌喊起来："小吴，走，快撵上这个'逃兵'！"

小吴飞奔上桥，拦住了胡大水，气喘吁吁地说：

"不要跑嘛，我们军长找你下棋！"

胡大水生气地白了他一眼，说："下棋？叫他跟白极会去下棋吧！"说完，一甩手又要走。

这时段德昌也赶了上来，笑着对胡大水说："怎么搞的，这么大的火气？"

胡大水把头一扭，气呼呼地说："你，你阶级立场不稳，该杀不许杀，不仅我有意见，苏区父老也会骂你这个投降军长！"胡大水叫喊了一通，始终没得到段德昌的反驳，心里反而软了。一想人家是军长，便立即住了口。

段德昌知道他的脾气发完了，这才心平气和地问："东荆河北岸有没有工农群众？"胡大水点点头。"他们要不要革命？"

胡大水没听懂，忙答道："穷人都要革命！"

段德昌又问："既然都要革命。他们投降了，放下了武器，你为什么还要杀他们？"

胡大水听了不禁一愣，反问道："白极会这伙土匪也算穷人？"

段德昌反问道："白极会有一万多人，难道都是土豪劣绅吗？"

胡大水被问住了，捏着手指头，锁起了双眉，苦苦地想着。

段德昌望着一队一队从身旁走过的俘虏，启发道："这次白极会打进来，苏区损失很大。但是，损失再大，也不能把胡萝卜记在蜡烛账上，不能找一般会众算账，只能找反动头目结账！"他一

△ 湘鄂边苏区革命烈士纪念碑

手搭在胡大水的肩上，继续说，"我们要打过东荆河去，彻底瓦解白极会组织。要是把一般会众放回去，他们就不再会受反动头目的欺骗，这样他们就不害怕放下武器当俘虏了。要是像你那样不分青红皂白，乱杀一般会众，这些人就会坚决跟我们拼到底，至死不再当俘虏，你说那样对革命有利吗？"

胡大水一听有道理，红着脸说："军长，我错了。"

段德昌笑望着他说："我相信你能改正错误！小胡，要记住：干革命不是一个人、几个人，一个县、几个县的事，是全中国工农大众的事啊。"

胡大水抢着说："报告军长，我通了，明白了，我们是为全中国工农大众打天下，不是为了一个人、几个人报仇！"

段德昌笑着点点头。胡大水犹豫了一下，才结结巴巴地说："军长，你能不能把那大砍刀还给我？"

段德昌哈哈大笑起来："老弟，还要刀做什么事？"

胡大水讷讷地说："我，我现在明白了，卒子过河顶车使呢！"

小吴捧起那把金光闪闪的钢刀，送到胡大水面前。胡大水双手接过刀，举过了头顶，向段德昌恭敬地行了个礼，一个急转身，大步向正在集合的队伍走去。

1930年6月，根据中央指示，贺龙率红二军从湘鄂边区东下，7月初在公安与前来迎接的段德昌等人会师。一见面，贺龙就兴奋地擂了段德昌一拳，说："行啊，德昌，你与逸群白手起家，不到三年也拉起了六七千人的部队。"

段德昌说："胡子，洪湖是块宝地，这次来了就不要走了。"

"不走了，我们要在这里组建军团，把湘鄂边和洪湖连接起来，创建版图更大的湘鄂西根据地。"贺龙点头道。

红二、六军会师后，组成红二军团，贺龙任总指挥，周逸群任总政委，段德昌任红六军副军长兼十七师师长。

两军会师为根据地、也为段德昌提供了更为广阔的活动舞台。

→ 逆境中创建新六军

★★★★★

　　面对邓中夏的强迫命令，段德昌负气立下军令状："洪湖若丢失，我提头来见。红二军团若遭损失，由你负责。"他说到做到，以地方武装与伤病员为骨干，重建新六军，取得了洪湖苏区第一、二次反"围剿"的胜利；而拒绝他建议的邓中夏却在南征中损兵折将，使红二军团锐减一半。

　　作为一个高明的军事家，段德昌反对在兵力悬殊的情况下强攻大中城市，反对脱离根据地的攻城掠地。他形象地把前者称为"叫花子与龙王比宝——必输无疑"，把后者称为"猴子掰苞谷——掰一个丢一个。"

　　他曾经为南征问题与邓中夏展开过激烈的争论，最后被削职为兵，赶出红二军团。

变方向，攻克监利

1930 年夏，中共中央和湖北省委执行"立三冒险主义"，要求红二军团主力部队向荆州、沙市推进，发动鄂西地方总暴动，争取与其他红军部队"会师武汉，饮马长江"。红二军团面临着战略发展方向上的选择。

"蓝图虽然宏伟，可惜做不到。"段德昌把制订计划的人叫作"图上作业家"，认为以红二军团的实力连沙市都没有把握攻克，根本谈不上会师武汉。他主张利用蒋（介石）冯（玉祥）阎（锡山）中原混战的有利时机，分兵四出，歼灭反动的白极会，拔去根据地内的白色据点，使洪湖根据地连成一片。

对于攻打沙市，贺龙顾虑重重："二、六军会师，虽然力量有所加强，可战术上彼此都不了解，缺乏协同作战的经验，贸然强攻沙市这样的重镇，恐怕会力不从心。"

周逸群采纳大家的意见，决定以三个月为期，首先拔除洪湖苏区的白色据点，计划由贺龙率领二军向荆门、钟祥、潜江、天门出击；周逸群、段德昌率六军先将江陵、石首、监利、沔阳各县红色区域连成一片，然后与红二军会师潜江，经荆（门）当（阳）远（安）向襄河以北地区发展。

这是一个非常切合实际、进退自如的发展战略。如果红二军团全力实行这个计划，不仅可以将洪湖苏区与湘鄂边、荆当远、巴（东）兴（归）（山）（秭）归等红色区域联成一个整体，而且还可以形成一个横跨长江、汉水的战略根据地。可惜，这个计划在执行过程中遭到湖北省委的严厉指责："现在的前委本身很右倾，当二、六军团会师时，全鄂西反动统治动摇非常，尤其是沙市市面恐慌已极，而当时敌驻军也仅一师，且红军声势浩大，群众斗争情绪异常高涨。此时红军应当立即攻占沙市，而你们以声东击西的办法攻监利，监利不克，又提出拔除数县内的'白点儿'，游击于潜（江）、天（门）一带。攻下潜江、岳口后，又经江陵返洪湖。省委两次督促你们进攻荆、沙，均不见回音，中央的方针是集中进攻，而你们是只集中不进攻。"

随后，中共中央长江局巡视员柳直荀和鄂西特委书记周小康赶至军中，召开前委扩大会议，传达中央最新指示，要求红二军团立即从沔阳西返，准备攻打沙市。

贺龙委婉地说："中央提出要在一省或数省内首先取得胜利，气魄很大。我对于全局不太了解，但对于红二军团的实力却很清楚。二、六军加在一起也不过万余人，远不如我北伐时期的二十军，而且缺少重武器，硬打一定会吃亏。"

段德昌介绍沙市守敌的情况后，强调："扼守沙市之敌为李虎臣师。李虎臣野战不济，可他是守城专家。他当年曾与杨虎城一起创造困守孤城八个月的奇迹，人称他俩为西北军中的'两虎'。"

"你们的毛病就出在这里。"周小康板着脸批评道，"把敌人看得过于强大，把自己力量估计过低，彼长此消，就失去了执行中央命令的勇气。"

9月4日，红二军团强攻沙市，激战一昼夜，受挫于坚城之下。红二军四师十团团长张一鸣等干部牺牲，伤亡达一千余人。军团被迫撤回潜江一带。

这时，邓中夏受中共中央派遣来到洪湖，当即急调红二军团集中于洪湖西岸待命。

邓中夏在党内地位极高，他是中国第一批马克思主义者，参与创建了北京共产主义小组和中共北方党组织；他是中国工人运动著名的领导人之一，领导过二七罢工、省港大罢工等工人运动；他还是共产党早期重要的活动家，长期担任中央委员、政治局委员等职。中共中央派他来湘鄂西接任红二军团前委书记、政委和湘鄂西特委书记，其主要使命就是指挥红二军团渡江南下，截断武（汉）长（沙）铁路，配合红一方面军攻打长沙。

南下之前，红二军团决定攻打阻碍洪湖根据地南北交通的最大白色据点——监利县城。此前，红军曾经先后两次攻城，都未能攻克。贺龙这次把主攻的担子压在了段德昌肩上。

监利县城面江而立，城池坚固，守敌为装备精良的新编第三师主力——教导团和全部由惯匪兵痞组成的监利保卫团（十六个连）。由于连续取得两次守城的胜利，他们气焰嚣张。

在战斗中，邓中夏看到了段德昌疾掠如火的指挥风格。当时，红军分三路，从北门、小东门和黄高桥扑城。22日拂晓，战斗打响后，段德昌指挥红六军第十七师锐不可当，首先突破黄高桥防线，涉渡后河，炸开城垣，一举攻入城内，然后通过巷战把守敌往城南江堤上逼。这时，潜伏在敌军中的共产党员杨嘉瑞率领两个连火线起义，敌阵军心动摇，分作两股逃跑，悉数被歼。在整个行动中，段德昌率领的部队像一股红色旋风，接敌隐蔽，攻击突然，进展神速，并且他指挥作战很有层次，部队均成纵深配备，遇到突然情况能够灵活变阵，似乎所有变化早在预料之中。

攻克监利县城，是红二军团成立后取得的最大胜利，军团扩大到二万余人。战后，红六军军长旷继勋调鄂豫皖苏区，由段德昌接任军长之职。

9月28日，中央派汤慕禹、刘鸣先到红二军团工作。邓中夏找贺龙商量："汤慕禹在苏联是学军事的，经过正规培训，很有水平，段德昌虽然有勇有谋，但毕竟是打游击出身，我想让汤慕禹担任红六军军长。"

"你可别从门缝里看人，把人看扁了。德昌文武兼备，是难得的将才，有常胜将军的名声。洪湖子弟参军，都争着往他的部队里钻，可见影响之大。再说他才接任军长没几天就换人，恐怕于军心不利。"贺龙虽然对邓中夏非常尊重，但在任用段德昌的问题上丝毫不让步。

邓中夏强调："中央的意见是要汤慕禹任军长，违背上级的命令总不好吧。"

贺龙想一想也是，于是说："如果中央一定要汤慕禹任军长，段德昌不要换，我让出二军军长之职，由孙德清接任，腾出军团参谋长之职，让汤慕禹担任。"

10月中旬，红一、三军团已经从长沙撤离，退往湘东醴陵。邓中夏决定实行南征，渡过长江，向江南进军，伺机夺取常德，直驱长沙，希望以此激起红一、三军团返攻长沙。这时，蒋介石已经取得了中原军阀混战的胜利，正在部署对各根据地的第一次统一"围剿"，而一、三军团已经放弃攻打长沙，红二军团孤军独出，失去了任何战略意义。

其实，邓中夏自己也对夺取长沙缺乏信心。他曾在给中央的信中写道："渡江截断武长路及占领岳州，据我观察，第二军团能否担此重任，尚是问题，战斗能力实属有限。"但是，为了执行中央的命令，他还是机械地挥军南下了。

红军突然不合常理地在江南出现，出乎国民党的意料。红军很快攻占南县、华容、公安县城，开辟了江南根据地。这时理应开展地方工作，巩固新区。可是，邓中夏命令继续向南攻打津市、澧县。

不信邪，回去送死

"邓中夏说不能像太平天国那样攻城略地，随得随丢，又说不能学猢狲抓板栗的样子，抓一个丢一个，可是我们现在的行动方针与长毛的猴子有什么差别？"段德昌敏锐地意识到军事战略出了问题，认为这次军事行动未能与巩固政权结合起来，前方与后方完全脱节，建议前委撤至公安或返回洪湖中心区，主力转入以恢复和巩固根据地、进行反"围剿"准备为主。邓中夏不予理睬，继续向湘西北之石门、临澧用兵。

这时，洪湖根据地告急，由于主力红军远离中心区，国民党大军步步进逼，根据地兵力空虚。中共湘鄂西特委代理书记周逸群派人送来急信：

邓、贺、汤、段、孙：

假如一、三军团又进攻长沙，则我们应配合这一行动。而今，据各方消息，说明一、三军团已远离长沙，敌大军正在云集，大有"围剿"红军之势，红军当速返苏区，做好保卫苏区的准备。

逸群、

万涛、小康

贺龙、段德昌同意中共湘鄂西特委的意见，再次建议讨论回师洪湖的问题，邓中夏运用政治委员的最后决定权，坚持在占领石门、临澧后攻打津市、澧州，向常德方向前进。

12月上旬，红二军团强攻澧县达七天七夜，付出重大伤亡，仍然不能取得进展。二军团被迫退至松滋杨林寺。12日，在杨林寺一个大庙内，二军团前委举行扩大会议，讨论下一步行动计划。

"这还用讨论吗？当然是回洪湖解围！"段德昌第一个发言，鲜明地亮出了自己的观点。

"现在回洪湖，等于送死！"邓中夏不同意回洪湖，认为洪湖是水网地带，河流纵横，湖泊棋布，不适宜大部队行动。它好比是一个深井，现在深井里有人落水，进井救人，人固不救，救者必死！

段德昌不同意邓中夏的说法，他认为洪湖人民养育了红军，现在敌人要屠杀洪湖人民，我们不能袖手旁观。洪湖是水网地带，大部队行动确实不如平地方便，但是这一点正好可以供我们利用呀！我们的战士，多是渔民子弟，是水中蛟龙，识水性，通民情，熟悉湖中的一草一木，而敌人一进湖便成了瞎子、聋子、傻子，便成了活靶子。

会上唇枪舌剑，展开了长时间的辩论。邓中夏仅有汤慕禹、刘鸣先两人支持，成为绝对的少数派。几乎所有的红军将领都支持段德昌的观点，要求立即返回洪湖。

几天后，湘鄂西特委又来信告急，邓中夏顺水推舟地对贺龙说："段德昌不是坚决要求回洪湖吗？特委那边又来信了，我看就让他先带伤员回去吧！"

"那怎么行？现在大敌当前，离不开德昌！"贺龙一向把段德昌视为左右手。

"开会征求大家意见吧。"邓中夏再次召开前委会议，作出两条决定，一是在松滋刘家场选择阵地与敌作战，二是让段德昌回洪湖，由汤慕禹接任六军军长。

他的决定引起一片哗然。

贺龙出于对邓中夏的尊重，后退一步："德昌若回洪湖，建议把六军带走。"红六军主要由洪湖根据地地方武装扩建而成，要求返回的呼声最强烈。

孙德清提出异议："强敌当前，二、六军不宜分开，要走就一起走。"

"不行！二军不能走，六军也不能走，段德昌可以带些伤病员走，部队要留下来作战。"邓中夏说。

段德昌热血直冲脑门，拍案而起，眼睛逼视邓中夏，一字一顿地说："好，我明天就回洪湖。洪湖若丢失，我提头来见！红二军团若遭损失，由谁负责？"

邓中夏应声而起："我是前委书记兼政委，当然由我负责！"

会议不欢而散。

第二天拂晓，段德昌赶往洪湖，贺龙送至十里开外。分手前，段德昌郁闷地说："我担心的不是洪湖，而是红二军团的安危。现在红二、六军团战线拉得过长，作战采取阵地战的方法，这是战略性的错误，你要注意纠正呀！"

贺龙长吸一口烟，徐徐地说："德昌，安心回去，洪湖需要你，再拉一支队伍。"

游击战，"用兵如神"

正如贺龙所说，洪湖确实需要段德昌。

1930 年冬，国民党纠集十万兵力对洪湖苏区连续发动两次"围剿"。由于红二军团南征时带走了大批地方武装，苏区当时"所留之枪，好坏共八十余支，集中各地武装一共三百上下"，处境十分艰难。很快，监利、沔阳、潜江等江北中心区失陷，敌人直逼江南之石首、华容。如果江南再陷，根据地就丧失了与敌周旋的战略支点。

在这危急关头，段德昌带着手枪队护送部分伤病员回到洪湖，接着，在杨林寺战斗中与主力红军失掉联系的红六军十七师五十一团陈光明、陈华山两个营，四十九团杨嘉瑞一个营也相继回到洪湖。这些都是段德昌的老部下，他们一路尾追段德昌赶到洪湖。这样一来，成建制的武装部队增至一千余人。

周逸群见到段德昌，高兴地称："救星来了！"两人合计后，

决定以回来的红军部队为骨干，吸纳地方游击队，扩建新六军，由段德昌任军长。新六军下辖四十八、五十一两个团和一个特务营，成为根据地反"围剿"的主力军。

新六军成立后，指挥员请求今后作战方针。段德昌说了三句话："敌来我隐蔽，敌多我撤退，敌少我包围。"就是利用这种游击战术，新六军迅速扭转被动挨打的局面：

1931年1月上旬，段德昌率军佯攻华容高基庙，诱敌十一师主力来援，然后趁虚奔向鲇鱼须，歼其留守部队一个营，占领华容县城。

1931年2月初，江北之敌南侵石首北部苏区，破坏苏区兵工厂、医院，由于未受抵抗，十分骄狂。段德昌率部从江陵奔袭石首北部，在拖茅铺歼敌四十八师补充第二团数百人，大获全胜。

1931 年 3 月，集结于江北苏区的敌军全部南渡，围攻以石首为中心的江南苏区。根据特委的指示，段德昌率部挺进江北，一路打回洪湖。抵达朱河附近的陶家渡时，远见前面人嚣马嘶，灰尘四起。前哨来报，国民党新二旅一个营马上将进入陶家渡。这时，新六军经过连续激战，子弹已经告尽。作战参谋不等段德昌下令，便吩咐部队："赶快后撤！"

"为什么后撤？后撤来得及吗？"段德昌问。

"没有子弹能打吗？"作战参谋不解，反问道。

"会打仗，没有子弹也行！"段德昌命令全体士兵退出子弹，上刺刀，迅速埋伏到大路两旁的庄稼地里，只留小股部队迎敌。

小股部队与敌接触，自然抵挡不住，调头就逃，引来敌人进入伏击圈。段德昌一声令下，红军战士端着明晃晃的刺刀从庄稼地里跳出，将敌人截为数段，干净彻底地予以全歼，一举收复朱河。

此后，新六军接连占领柳关、瞿家湾、峰口、周老嘴、新沟等重镇，基本恢复江北苏区，中共湘鄂西特委和联县政府及其他领导机关北迁到瞿家湾，瞿家湾成为洪湖根据地新的中心。

1931 年 4 月中旬，敌新三旅集结一、三团，分两路合围周老嘴，寻找新六军作战。在讨论作战计划时，大多数人都主张避敌锋芒，因为新六军还没有消灭过整团的正规军。

但段德昌认为："没有消灭整团的敌人，是因为我们没有找到好的战机。好的战机就是敌人的麻痹心理。他们以为我们会等着挨打或者会先行躲开，我们反其道而行之，一定能打他个措手不及。"

段德昌说服大家后，于20日半夜带领部队从周老嘴出发，主动向余家埠迎击，在东港口及四家湖遭遇敌第一团。果然如段德昌所料，敌第一团既不放警戒哨，也没有保持战斗队形，而是排着四路纵队行军，被红军一顿猛揍便乱了阵脚，结果悉数被歼。段德昌留小部队收拾战场，又率主力向北进军，击溃敌第三团大部。这次战斗共歼敌五百余人，缴获轻重机枪、步枪五百余支。敌旅长徐德佐只身逃回武汉，新三旅完全丧失战斗力。

短短半年的时间内，段德昌就拉起一支部队，独立承担了保卫苏区的任务。这支几乎是在伤员和失散部队基础上创建的新六军，打出了军威，其名声甚至超过了游荡于边远山区的红二军团。武汉国民党报纸发出阵阵惊呼："江汉平原，匪患日甚，匪首段德昌东山再起，彼用兵如神。我军不支，一再败北。"

围攻洪湖苏区的国民党部队惊怖于新三旅遭挫，不敢冒进，纷纷转入守势。1931年5月，两广爆发反蒋事件，"围剿"苏区的敌四十八师等部相继撤出洪湖，红军乘势发起反攻，收复江北全部、江南大部，根据地反"围剿"斗争取得最后胜利。

段德昌用胜利实现了军令状。新六军改编为红三军第九师，发展到五千余人。而与此同时，红二军团在邓中夏的领导下屡遭挫折，部队损失近一半，最后被迫缩编为红三军（下辖七、八两师），全军仅剩五千三百余人。

严酷的军事斗争成败为段德昌与邓中夏的争论划上了句号。

矢志不渝

(1931-1933)

→ 忍辱负重

★★★★★

（27—28 岁）

　　段德昌在军事指挥上屡战屡胜，而在政治上屡屡受挫。1930 年前委扩大会议"攻打沙市"之争，他正确的意见被否决，反而受到中央巡视员的批评。同年冬，杨林寺红二军团前委扩大会议就回师解洪湖之围、巩固洪湖根据地，还是继续向武陵山进发，创建第二中央苏区的问题，又与"前委"书记邓中夏发生激烈争论，还被撤去刚任命不久的红六军军长之职，只好带着伤病员回到洪湖，重新拉起一支部队，创建新六军。1932 年春中共湘鄂西省第四次代表大会上，段德昌指出了中央分局书记夏曦的错误，不仅受到警告处分，也为日后埋下了杀身之祸。段德昌重信义，轻生死，更视功名利禄如草芥。每次受挫，都毫不动摇他对革命事业的信念。他忍辱负重，以出色的战绩来表明他对党的赤胆忠心。

段德昌忠实地执行湘鄂西省委决议，开辟襄北新区，拯救面临解体的红三军，犒赏他的竟是"违犯纪律"的罪名和撤职、警告的处分。在这种情况下，段德昌忍辱负重，以自己高超的军事才华，一次次力挽狂澜。

破"围剿"，接回红三军

许多湘鄂西老红军都把夏曦看作是造成根据地最终丧失的"罪魁祸首"。但是，在一开始，包括段德昌在内的大多数干部都以真诚的态度迎接这位"中央代表"。

夏曦，字蔓白，湖南益阳人氏，在党内也算资格较老的早期活动家。早年加入毛泽东领导的新民学会和长沙共产主义小组，大革命时期曾任中共湖南省委书记。1928年赴苏联莫斯科东方大学学习，1930年回国，在党的六届四中全会上增补为中央委员。1931年3月，王明等人为推行"左"倾路线，分别派代表团和"中央代表"到各大苏区改造领导机关。夏曦奉命来到洪湖担任中共湘鄂西中央分局书记。

夏曦到洪湖后，始终令他愁眉紧锁的一件事，就是红三军拒绝分局指令，坚决不返回洪湖苏区。

1931年4月，夏曦以湘鄂西中央分局的名义发出第一封指示信，宣布："兹遵照中央决定，撤销邓中夏同志各种职务，并派唐赤英同志去代理政委工作，全军同志应在云卿、赤英两同志领导之下，坚决执行中央及中央分局的指示，彻底改变红二军团（即红三军）的政治路线。"指示信还要求红三军迅速从五峰、鹤峰东下洪湖。

5月，夏曦连续几次派人赶往军中，责令邓中夏立即班师，如果违犯命令，将开除其党籍。

1931年7月，国民党集结二三十个团对洪湖苏区发起第三次"围剿"。适于此时，长江发生全流域百年未遇的大水灾，整个苏区变成了一片水乡泽国，苏区有近百万群众流离失所，红军给养十分困难。湘鄂西军委主席团开会讨论南下与北上两个方案。

段德昌主张北上，他的理由是：红九师南下过江，必须攻克并巩固调关和焦山河两个渡江据点，否则遇到敌军压迫，就无法返回江北，只有走红三军的老路，向湘鄂边转移，苏区将再次出现兵力空虚的现象。如果红九师向北挺进，攻打荆门、沙洋之敌，渡襄河占天门，一则可以开辟襄北苏区，解决给养问题，二则可以就近向鄂北靠拢，争取将红三军接回洪湖。

夏曦闻言大喜，亲自找段德昌谈话："省军委同意你的建议，立即整顿队伍向襄北进发，一边开辟新区，一边打听红三军的消息，一定要将他们接回洪湖。"

8月2日，湘鄂西革命军事委员会通过《关于九师最近行动的决议》，决定留红二十五团巩固后方，派红二十六团向潜江、天门等襄北地区发展。3日，中共湘鄂西临时省委和军委召开联席会议，考虑到红九师北上很可能与红三军取得联系，遂作出补充决定："在能与红三军取得联系时，则须与之取得联系，但这是次要任务。

为要执行这一任务，派万涛随军出发，领导九师行动，责成万涛转变三军政治路线，接任三军政委。"

经过短暂休整，8月10日，段德昌、万涛带领九师二十六团和教导营北进，协助红二十五团占领潜江，然后趁夜袭击沙洋镇，消灭敌新编第三旅第二团和旅部特务营，击毙敌旅长徐德佐以及大批官兵。至此，主要担任襄北"剿匪"任务的国民党新三旅全部被歼。

沙洋战斗后，段德昌用缴获的精良装备组建了第二十七团。接着，向荆门挺进。同时派出多股侦察分队，远伸至鄂西北一带，希望能够传递接应信息。

9月中旬，红三军在房县青峰镇召开前委扩大会议。三军将领听说段德昌率部沿襄河北上，前来接应他们，高兴地直喊叫，要求南下会师。

9月28日，红三军七、八两师与红九师会合于荆门刘猴集（现属宜城）。次日，部队召开团长以上扩大会议，通过了《关于反对邓中夏同志错误领导的决议》。

在会上，邓中夏对段德昌说："洪湖苏区被摧残，红二军团被削弱，都应由我负责。"他在随后给中央的报告中满怀愧疚地写道："对于湘鄂西苏区，特别是对二军团政治领导的错误，无疑应由我负主要责任……我希望党给我以深刻的纠正和教育。党按照我所犯错误的程度，给我任何处罚（除开除党籍外）我都能接受。"不久，邓中夏便离开部队，返回上海，两年后被国民党逮捕，遇害于南京雨花台，终年39岁。

会师后，红九师归还三军建制。

信遭屈，犒赏变处分

在短短的一个多月时间内，段德昌、万涛顺利完成了开辟新区和接应主力两大任务，迎接他们的应当是鲜花和笑容。但是，他们得到的犒赏却是处分。

问题出在江南失守上。

原来，红九师进击鄂北期间，江南苏区在国民党优势兵力围攻下，除石首七区外，几乎全部失守。这在敌强我弱和洪水滔天的情况下，本来是难以避免的，即使红九师不出鄂北，甚至红三军主力留守江南，失陷也是必然的结果。对于这一点，夏曦在8月

18 日给中央的报告中，说得很清楚："九师原来渡江右，因水势增长，而且作战没有把握（过江右只能胜利，败则无退路，水势更涨，更加危险），因此中止过江。"可是，当中央严厉追问"江南失守，原因何在"时，他没有表现出勇于承担责任的政治家的气魄说明真相。

10 月 8 日，湘鄂西省军委会发出对三军的训令，指责万涛等攻占沙洋后去接应红三军主力，是违背军委决议，是抛弃主要任务执行了次要任务，决定"明令撤销万涛同志政治委员之职，调后方工作；德昌、培英两同志予以警告处分"，同时由夏曦兼任红三军政委。

中共湘鄂西省委连续召开两次谈话，试图平息愤怒。10 月 11 日，万涛对夏曦说："九师出沙洋，入京山，造成天门的赤区，这固然是军委的决定，但要与红三军主力取得联系，同样是军委的决定。当时，既有与三军主力联系的条件，又有联系的可能，如果九师不去联系，三军主力也不可能回来，在当时的情况下三军有解体的危险。你们怎么能说九师违抗军委命令呢？"

10 月 19 日，在第二次谈话会上，段德昌与夏曦展开了针锋相对的斗争。

几天后，夏曦指使湘鄂西省军委作出决议，取消师级建制，将全军分为五个团，大团七千余人，小团五千余人，由以他为主席的省军委直接指挥。这样重大的决定，他事前既不征求贺龙等军队干部的意见，也不给他们打招呼。取消师部后，段德昌等一批师长、师政委被变相罢官，贺龙也成了一个光杆司令。

贺龙气极了，找上门去："我是中央分局委员、军委分会副主席、红三军军长，为什么这些重大的决议都不征求我的意见？是分局领导省委，还是省委领导分局？你凭什么用省委的决定取消各师？这个决议是错误的，我可以不执行。请你开一个党员大会，大家来投票。如果都赞成你的主张，我离开这里，回中央去。"

由于夏曦拒绝接受不同意见，万涛两次向中央写出申诉报告：以段德昌为首的前方将领写信，反对夏曦担任军政委，对省军委提出六条改进工作的意见，即军委会要充实军事、政治人才，军委会决定大的行动原则和作战方针，不能代替军部的具体指挥，军委会发出训令要审慎，等等；以苏区"四大文豪"（江陵县委书记侯文尉、监利县委书记孙之楚、沔阳县委书记栩栩、石首县委书记许斌）为首的地方干部对夏曦执行的"左"倾干部政策、土地政策、经济政策提出全面的批评。双方争执不下，无法调和矛盾，只好决定派苏维埃政府秘书长尉士钧到中央反映分歧意见，请中央裁决。

1932年1月，中共湘鄂西省第四次代表大会在洪湖瞿家湾召开，贺龙、段德昌从前线赶回来参加会议。夏曦首先作政治报告，说

△ 瞿家湾旧址

在他的领导下取得了巨大的成绩。会上有七十多位代表发言,反对他所作的政治报告,异口同声批评夏曦执行过火政策给根据地带来的严重恶果。段德昌还与众多的代表一起签名,要求撤换夏曦的领导职务。夏曦的处境空前孤立。

可是到了第四天,中央派尉士钧来到洪湖,宣布夏曦代表的是"正确路线",万涛等人对夏曦的批评则是"对中央进行的派别活动,是反中央、反国际路线的小组织活动"。

会议以夏曦压倒性的胜利而告终。

会后,段德昌痛苦地问贺龙:"党内还有讲道理的地方吗?"

段德昌是韩信式的军事家，将兵宜多，布阵尚奇，作战飘忽，常有惊人之举。他曾经创造三个月歼敌三个旅的辉煌战绩，把湘鄂西根据地推向鼎盛。但是，在夏曦"两个拳头打人"战略指导下，贺龙、段德昌苦心积攒的家当被丢失得干干净净，红军由大胜转入大败。

"有贺不倒，无段不胜。"这是湘鄂西的一句民谚。

贺龙是红二军团、红二方面军的一面旗帜，他能维系军心，鼓舞士气，只要他在军中，无论遭受什么样打击，面临何种艰难险境，部队都能败而不溃，屡挫屡奋。

创奇迹，两月歼两旅

段德昌是湘鄂西根据地最主要的战将和战役组织者，洪湖苏区所有的胜仗几乎都有他的功劳。他统率的部队被称为常胜军，苏区青年参加红军点名要到红九师。在频繁的战争中，兵员补充历来都是最头疼的事情。对于段德昌领导的红九师来说，这不是难事。官兵们自豪地编成顺口溜来唱："杀我一百，只要一息；杀我一千，只要一天；杀我一万，只要一转。"意思是说无论受到多大伤亡，红九师只需在苏区转上一圈，立刻兵员补充足额。

1932年春，段德昌的军事生涯绽放出炫目的光彩，他创造月歼一旅的奇迹，令人叹为观止。

这年1月，红三军恢复师级编制，下辖七、九两师和独立团。1月中旬，红九师奉命出击襄河北岸，寻找战机。1月19日，袭占皂市，计划围点打援。皂市位于京山与应城之间，是国民党安在襄北苏区的战略枢纽。敌四十八师与段德昌交手多次，从未讨到便宜，他们判断红军攻皂市意在诱敌，拒不出战。

一计不成，又施一计，段德昌乘胜兵指应城。红九师在汉川独立团的配合下，分割包围应城西南的陈家河与龙王集两个制高点，攻势甚急。如果这两个据点丢失，应城将无险可守，应城侧后便是武汉。国民党湖北省政府主席、武汉绥靖主任何成浚急调孝感之四师十二旅张联华部前往解围。张联华不知深浅，督军急行军，赶往战场，几千人的部队被拉成一条长龙。

1月26日，段德昌率部攻克陈家河，解除后顾之忧，然后乘夜埋伏于龙王集至应城的公路两侧。埋伏地点设在毛家河与张家庙的山坡树丛间。

1月27日拂晓，张联华率部进至毛家河边缘。时值冬晨，大雾弥漫，前面山冈上矮树灌木，模糊难辨。参谋长心中生疑，提醒道："旅座，谨防伏兵。"

"公路两厢，共匪纵有天大的胆，也不敢设伏。"张联华不以为然，驱动部队前行。前行不到十五分钟，便听到半空中一声"开火"，山坡上飞下无数的手榴弹，轰隆隆炸倒一片。接着，红军指战员从树林中冲下，将公路上的敌军压缩成一团。仅仅用了一个小时，红军全歼敌十二旅，生俘张联华，歼俘敌军四千余人。这次战斗缴获的战利品堆积如山，其中步枪三千余支、迫击炮二十余门、轻重机枪八十余挺，军装一万多套。段德昌把轻重机枪全部集中到机枪连，还用缴获的战马装备了骑兵团。

龙王集战斗后，贺龙率七师渡过襄河，襄北红军兵威大盛，当地的地主、豪绅纷纷外逃武汉。

△ 红三军留下的标语

何成浚重新调整兵力部署，从洪湖中心区抽调十一个团组成三路纵队，限令在半个月内肃清襄北红匪。他还把段德昌的首级赏格提高到八万元。

2月下旬，敌军以天（门）汉（川）苏区为重点发动清剿。敌——四旅在旅长韩昌俊的带领下，由皂市出发沿汉（口）宜（昌）公路向灰埠头进剿，敌徐继武旅同时由天门、张截港向灰埠头移动，互取呼应之势。3月初，大雨如注，公路泥泞难行，韩旅遇阻于文家墩，徐旅也退回天门。何成浚见韩旅孤军独处，急令韩旅撤回皂市。韩昌俊接电后，犹豫不决，既担心部队辎重难运，又害怕雨中受袭，于是采取"拖"字诀，想等到雨停后再移动。这一动向被红军查知，段德昌带领九师冒着滂沱大雨，经过一夜的急行军，在3月4日拂晓赶到文家墩，向敌人发起突然进攻。韩旅官兵都在蒙头大睡，外围手榴弹响成一片，还以为在打雷。等到红军冲进帐篷，才仓促应战。很快，全旅四千余人被歼，韩昌俊被擒。敌四十八师驰援韩旅，被贺龙阻于皂市以北，敌师长张振汉受伤。

挽狂澜，回援解危局

段德昌在襄北连捷遵循的是游击战与运动战相结合的原则，在战术上做到了"集中优势兵力，各个歼灭敌人"。

夏曦不满意，他认为段德昌崇拜的游击战术已经过时。他提出了三打三不打要求："只准打仗，不准休整；只准打大仗、打硬仗，不准打游击战、运动战；只准打宜昌、沙市、岳州、武汉等中心城市，不准打小据点。"湘鄂西军事委员会主席团为此发出《关于改造红三军的训令》，指出红三军存在两大弱点，第一是军阀制度的残余；第二是游击主义，游击主义表现为"不转变到大规模作战的各种准备，如城市战、堡垒战、大规模平地战、射击飞机等"。

根据夏曦"正规化建设"和阵地战的命令，红三军连续组织了瓦庙集、张家场两场硬仗。

瓦庙集打的是一场遭遇战。当时，国民党集中了四十一师、四十四师、四十八师和若干特种兵共二万余人，寻找红军主力决战。红三军第七师尚在控制襄河渡口，七、八两师向京山运动。两军在京山瓦庙集以西地区相遇，发生激战。

战斗打了七天七夜，结果只消灭了敌人一个营，红军伤亡在一千四百人以上，伤亡人员均为部队连排级干部和老兵骨干。

张家场打的也是一场消耗战。红三军集中主力在天门张家场猛扑敌一三二旅及补充第二团，未能一举歼敌，形成拉锯，激战八天八夜，毙伤敌人八百余人，自己却付出了二千余人伤亡代价。

瓦庙集、张家场两次战斗打的都是得不偿失的阵地战，红军伤亡过大，更严重的是，在拼消耗中，根据地多年积攒的武器弹药全部用光。敌前敌总指挥徐源泉向何成浚报捷："赤匪历年来得之于国军弹药兵器耗于斯役殆尽，而肃清鄂中区匪患之成功，实基于此役！"

红军陈兵襄北，洪湖后方空虚。6月初，徐源泉分兵三路奔袭中共湘鄂西中央分局所在地——监利周老嘴。其中，范绍增所率第四师进展迅猛，连破老新口、龙湾、张金河、谷港防线，湘鄂西警卫师抵挡不住，夏曦惊出一身冷汗，急令红三军主力不惜一切代价回援洪湖。

从襄北到洪湖，不仅有襄河和众多湖泊阻隔，仅路程就有二百多里，哪怕是按照急行军的速度，红军也赶不及。

远水一定要解近火。贺龙把驰援的任务交给段德昌。

段德昌临危受命，表情仍然是举重若轻。他把部队所有马匹都集中到骑兵团，亲率八百余名骑兵作前锋，奔驰一天一夜，赶到新沟，立即抢修工事。随后，三个步兵团也赶到预防阵地。

13日，范绍增第四师大摇大摆地朝新沟开进，走在最前面的是神兵团。范绍增是四川袍哥中的著名首领，处事怪诞，人称"范哈儿"。他将袍哥兄弟全部编为神兵，一律红褂红裤，手执大刀，上阵之前，先喝咒水，吸鸦片烟，然后发起冲锋，状如疯虎，战斗力不可小视。有鉴于此，段德昌吩咐部队："没有命令不准放枪。"

红军小股部队与神兵团略作抵抗，便被砍翻数人，迅速后退。范师分成数路纵队，沿东荆河河堤冲至红军预设的障碍物面前。段德昌一声暴喝

"打"，几十挺轻重机枪同时开火，射出几十条火龙，顿时人仰马翻，敌人死亡甚多。神兵团虽然骁勇，但没等近身肉搏便伤亡过半。红九师发起反冲锋，将敌人压缩至阵地后围。范绍增亲自带领督战队，连斩十余名后退的官兵才稳住阵脚。正当他组织火力准备反击时，按照段德昌的命令，迂回到敌后的骑兵团突然冲击敌阵。

八百匹战马，八百名勇士，从天而降，马蹄声、呐喊声、马刀斩击声响成一片。在腹背两面夹击下，敌第四师全线溃逃，范绍增受伤落马，趁着战场混乱，骑一头水牛渡过东荆河方才捡得性命。他的部队三千余人非伤即俘。

新沟大捷，稳定了洪湖中心区极其危急的形势，也拯救了惶惶无计的夏曦。战后，中共湘鄂西省委、省政府联合举行庆功大会。贺龙发表热情的讲话：

"九师师长段德昌真是个好同志呀！他当机立断，杀出了红军的军威。这下子给"范哈儿"沉重的一击。这是毁灭性的一击呀！"范哈儿"的魂都吓掉了。湘鄂西省党、政府和人民的处境在逼迫之际是多么的危险呀！如果不是段德昌同志赶得快，我们的同志就全部会逼到洪湖吃水！"

贺龙这番话是说给夏曦听的。夏曦照例面无表情。

→ 赤胆忠心

★★★★★

"共产党一生都要讲真话，心中想着人民。"段德昌不肯说假话，始终把收复洪湖苏区挂在心中，为此埋下了杀身之祸。奇特的公审，奇特的刑场，全军将士哭泣着为"火龙"送行。段德昌临死提出三条要求，有一条是"用刀杀我，留下子弹打敌人"。

苏区丢失，原因何在

1931 年 8 月，蒋介石亲任鄂豫皖"剿匪"总司令，指挥五十万人对鄂豫皖、湘鄂西根据地发起第四次"围剿"。其中，对湘鄂西根据地的"围剿"由左路军负责。8 月 18 日，左路军十万人马潮水般涌进洪湖地区，各路敌军采取密集阵形，齐头并进，同时派海军军舰游弋于长江、汉水配合行动。根据地空间被压缩，回旋余地极小。在这种情况下，贺龙、段德昌、段玉林等红三军将领提出，目前在内线击破敌人已经没有可能，应该集中至少十个团的兵力转到外线，挺进国民党布防薄弱的武汉外围，迫使左路军后撤，然后集中主力在敌人后撤过程中寻找战机。这个建议被夏曦一口拒绝，他提出"不使苏区一寸土地被敌人践踏"的口号，命令红军各部和各级党委修筑工事，坚守市镇，坚决进行苏区保卫战。

段德昌性格耿直，心里藏不住话，嚷着找"老鸡婆"（老机会主义分子）论理。贺龙善意地提醒他："德昌，夏曦现在视你为眼中钉！你以后说话要注意分寸，注意场合，注意方式。"于是，段德昌把不满闷在心里，修建工事时，不时发出冷笑。情况被反映上去后，夏曦马上给段德昌一个党内"最后警告"的处分。

一个多月的苦战，伤亡惨重。分兵把口，口口被破。节节抵抗，节节败退。危急时刻，红三军领导人再次提出转入外线作战。夏曦有条件地接受这个建议，命令贺龙带领八、九两师出击襄北敌后，牵敌回援，自己率七师坚守内线。

贺龙毫不客气地说："你这种安排一定失败！为什么呢？分兵不对头，指挥不统一。你现在手上的兵力比较雄厚，除七师、警卫师一部分、军委警卫营外，留在苏区的还有各县警卫团、警卫营，都是能打的队伍，关键问题是要将他们拧成一股绳。你现在搞寸土必争，实际上是使他们分散挨打。"

"你的任务是完成外线牵制任务，内线不用你操心。"夏曦拍着胸脯说，"洪湖苏区要是丢了，我夏某人的性命也不要了。"

8月，贺龙、关向应、段德昌率八、九师转渡襄河，夏曦则与红七师师长王一鸣坚守内线。

9月初，敌军突入瞿家湾后方机关，红军后方医院三千余伤病员落入敌手，惨遭杀害，红军兵工厂、被服厂等所有后勤机关悉被焚毁。

又过了二十多天，夏曦带领七师残部一千余人在鄂北赶上红三军主力，见面的第一句话就是："洪湖苏区失陷了。"

"洪湖苏区丢失，原因何在？"段德昌代表广大将士尖锐地向湘鄂西中央分局提出这一问题。从夏曦进入苏区执行"左"倾路线开始，段德昌就旗帜鲜明地站在抵制、反对的立场上，坚定地支持以贺龙为代表的正确主张，这就是人所共知的"反夏不反贺"。

湘鄂西根据地第四次反"围剿"斗争所以失败，最主要的原因是"左"倾政策、错误的军事策略和严重的"肃反"扩大化，尤其是内部"肃反"极大地削弱了党、政府和红军的战斗力。大多数老同志都认为，湘鄂西根据地是被"夏曦杀垮的"。但是，夏曦完全持相反的观点，他认为洪湖失败的原因是暗藏在革命阵营内部大批反革命、"改组派"破坏的结果，因此，到达大洪山后，就开始了第二次"肃反"，并且把"肃反"与段德昌挂起钩来。

贺龙回忆说："洪湖的区县干部是杀完了。红三军中到最后有的连队前后被杀了十多个连长。夏曦在洪湖杀了几个月（即第一次'肃反'），仅在这次'肃反'中就杀了一万多人。现在活着的几个女同志，是因为先杀男的，后杀女的。敌人来了，女的杀不及才活下来的。洪湖失败后，夏曦与红三军在大洪山会合，在那里打圈子时，他仍然是白天捉人，夜间杀人。捉人杀人都没有材料根据，都是指名问供。比如捉樊哲祥、谭友林等，因为他们曾在段德昌的领导机关刻过油印。"

在大洪山一带，夏曦逗留了很长一段时间，犹豫不决。一方面。他对恢复洪湖苏区失去了信心，想一走了之，另一方面又有所顾忌，因为贺龙、段德昌等人都坚决主张打回洪湖，同时还怕中央会追究脱离苏区的责任。直到有一天，他见到红四方面军离开鄂豫皖苏区向川陕转移的布告，才下定决心："红四方面军可以离开苏区，我们也可以离开，我们到湘鄂边还不是离开，从那里还可收复洪湖。"

1933年1月13日，在经历三个月的长途跋涉后，红三军来到贺龙的家乡——湖南桑植，占领县城。在这里，红军获得了一个极好的喘息机会。

"湘西王"、国民党新编三十四师师长陈渠珍与贺龙是一对老"朋友"。他们共过事，打过仗，交过手，留下了数不清的恩怨。陈渠珍忌惮贺龙的指挥才能和红三军的威名，主动写信议和，提出可以让出桑植、大庸等相邻几县，双方签订互不侵犯协议。

陈渠珍主动伸出橄榄枝是为了保存实力。而在当时，红军也急需休整。

贺龙将信递给夏曦，说："陈渠珍是个玻璃猴子，对他的话不能全信，但是，达成暂时的妥协有利于我们争取一个休整和发展的时间，哪怕是先拿下桑植全县也好。"

夏曦不屑一顾："陈渠珍在玩手腕！这种浅薄的伎俩，你们看不出来，还由他摆布？"

两人争执不下，于是把九师师长段德昌、政委宋盘铭找来商量。

"这是个好机会。"段德昌脱口而出，"我们的部队长途行军，体质下降，因伤、因病减员严重，给养困难，现在已是寒冬，战士们还是穿单衣、草鞋，战斗力已非当年。如果能够利用敌人的矛盾，先站稳脚跟，对于将来的作战和争取战场主动权很有帮助。"

夏曦窝了一肚子火，不敢对贺龙发，便全部倾泻到段德昌头上："你们思想的出发点很成问题，宁愿听信陈渠珍的鬼话，也不相信红军的实力，想靠投机取巧，这是右倾和革命不彻底的办法。我以分局书记的名义，命令红军立即进攻周燮卿。"

陈部周燮卿的第三旅驻桑植泥湖塔、永顺桃子溪一带，凭借有利地形和坚固的工事，以逸待劳，一战击溃红军。经过作战，他们觑破了红军子弹严重不足、人员不整、战斗力下降的弱点，立即转守为攻，夺取桑植县城，将红三军逐回湖北鹤峰毛坝的大山中，从此处于流荡状态，部队总数下降到五千余人。

坚持真理，刚直不阿

夏曦将桑植战役失败的责任归咎于红三军七、九两师将士作战不力和"改组派"的阴谋破坏，在中央分局扩大会议上异想天开地提出清党的"主张"。

"综合政治保卫局'肃反'的情况，在我们的党内、政府内和军队内潜藏着大批的国民党特务，我们的党政军组织往往成为反革命的特务组织，因此，现有的所有组织都不能相信，都必须打散重建。目前首先解散红三军中党团组织及政治机关。"夏曦还举出了莫斯科支部局先解散清理然后重新建立的例子。

"解散党组织，我不同意。我在军阀部队时就想参加党，到南昌暴动时才加入。我只晓得红军是党领导的，解散党我不同意，别的道理我说不出。"贺龙首先发言。

段德昌能够抓住问题的本质。他一针见血地提出："红军失败是什么原因造成的？苏区垮台是谁造成的？除了敌人的进攻外，有

118

▷ 段德昌烈士墓碑

没有你夏曦个人的责任？"

会场顿时一片静寂，夏曦闭口不答。

段德昌拍案而起，指着夏曦质问道："你把红军搞完了，苏区搞垮了，又要搞垮党，你是革命的功臣还是罪人？你有什么权利解散党组织？中央让你来当分局书记是要你解散党组织的吗？湘鄂西的党被你解散了，你这个湘鄂西中央分局书记还当什么？"

夏曦闭上眼睛，不说话。

宋盘铭是留苏干部，详细讲解了莫斯科支部局改组的缘由，提出这与根据地解散党是两回事，两者不能相提并论。他说："我从小被党送到莫斯科，在莫斯科加入党。解散党，我不同意。"

由于遭到所有人的反对，夏曦没有办法作结论。但是在一个月后，他还是运用所谓书记的"最后决定权"，悍然作出了解散党、团组织的决定。解散党组织、停止党的活动后，整个红三军只剩下夏曦、贺龙、关向应、卢冬生四个党员。随后，他又将清党与"肃反"结合起来，掀起第三次"肃反"狂澜，其高潮就是逮捕段德昌。

1933年春，红三军在以鹤峰为中心的湘鄂边区游击，经常被国民党撵得东奔西跑，战斗伤亡和非战斗减员特别多。而且，鹤峰地区山高沟深，地瘠民贫，人口稀少，经常数十里不见人烟，兵源补充和物资给养非常困难。缺粮、缺衣、缺弹、缺药的情况更加严重。原来洪湖苏区参军的红九师战士都迫切希望打回洪湖去。

一天，段德昌找到贺龙，要求带兵回师洪湖。贺龙劝他暂时不要提这个意见，因为夏曦已经对恢复老苏区丧失了信心。段德昌不听，写信给夏曦，提出应该把恢复洪湖苏区作为目前红三军的行动方向。

3月25日，夏曦接到信后，立即通知段德昌到鹤峰邬阳关红三军军部开会。段德昌当时正在宣恩、鹤峰边境指挥作战，得到通知后立即带警卫排赶回邬阳关，当即被肃反委员会逮捕。

"段德昌被抓了！"消息很快在军中传开。贺龙知道大事不好，日夜兼程地从前线赶回军部。

"你为什么要抓段德昌？"贺龙见到夏曦，劈头便问。

夏曦给段德昌扣了两顶帽子："他分裂红军，企图逃跑。"

"你有什么根据？"

夏曦底气很足地拿出一封信，朝贺龙一扬："他从前方带信回来，要求带部队回洪湖，这就是他拖枪逃跑、企图叛变的证据。"

贺龙悲愤地说："真是莫须有的罪名！德昌写信是向你提出建议。他要是真的拖部队去洪湖，大可一走了之，又何必写信给你？又何必应召回军部

▷ 段德昌铜像

来? 我担保德昌绝不是叛逃，应该马上放人。"

夏曦认为铁证如山，坚决不放人。

关押期间，贺龙去看望段德昌，给他带上一些营养品。段德昌虽然人很憔悴，但是精神还好。

段德昌说："胡子，给我一个连，我愿立军令状，保证恢复洪湖苏区。"

贺龙只好说："我知道，我知道。"

段德昌要求贺龙尽快把他救出去，说："洪湖人民还等着我们打回去呢！"

眼睁睁地看着患难与共的战友要遭毒手，自己枉为一军之长竟然无能为力，贺龙心如刀绞，情绪恶劣。一天到晚，老是一股劲地抽烟。

夏曦决定公审处决段德昌。在分局会议上，他说："今天的会，主要是向大家通报一个重要情况，段德昌、陈协平、王炳南是'改组派'，他们分裂红军，攻击中央分局，说什么苞谷饭不好吃，尤其是段德昌，公然向中央分局写信，要回洪湖拖队伍。这三个人极其顽固，段德昌被打得昏死数次，王炳南一条腿被打断，陈协平十指打折，可他们什么都不招。对他们，还要用重刑。我看，也不一定要等什么口供，现在就可以进行公审。"

含冤辞世，名垂青史

贺龙反对："德昌有大功，杀不得。我愿以颈上人头担保他不是反革命!"

夏曦硬碰硬:"段德昌是'改组派',要严厉打击!"

他们争论时,都动了气,把桌子拍得山响。特别是贺龙,激动得不能自制,喊叫的声音传出几十米远。整个军部工作人员和警卫员面面相觑,不知发生了什么事。

对于被捕后的遭遇,段德昌早有清醒的认识。他把明朝诗人于谦的《石灰吟》用石块刻在牢房的墙壁上:

△ 毛泽东为段德昌签发的中华人民共和国中央人民政府第一号烈士证

千锤万凿出深山，烈火焚烧若等闲

粉骨碎身浑不怕，要留清白在人间。

这是他最喜爱的诗句，也是他一生行为的准则。

公审大会在巴东金果坪一块打谷场召开。时值5月，山坡上的油菜花开得金黄，山畦间的水田刚刚插上嫩绿的秧苗。许多插秧的农民跑来看热闹。

夏曦在会上宣布段德昌有三大罪：一是参加了一个十三人的反夏曦小组；二是指挥攻打桑植黄金台时故意打败仗，牺牲了几位战士；三是企图分裂红军。

段德昌双手反绑着，被押在台上。

在夏曦宣布判处段德昌死刑后，贺龙匆匆赶来，警卫员端着一个木盘，木盘上放着一碗酒和几样小菜。贺龙端起酒，送到段德昌面前，说："德昌，军长无能，不能保住你的性命。一碗苞谷酒，算是为你钱行。"他喝令卫兵为段德昌松绑。

段德昌接过酒碗，一饮而尽。他眼含泪花对贺龙说："胡子，我不怪你。"

贺龙问："德昌，你还有什么要求？"

段德昌镇定地对贺龙和指战员说："我说三句话。第一，共产党人砍脑壳也要讲真话。我相信中国革命一定会胜利，将来历史会对我作出公正的结论。第二，红三军已濒临绝境，这里地瘠民稀，没有粮食，必须回洪湖。第三，红军已经没有弹药了，用刀杀我吧，子弹宝贵，留下子弹打敌人。"

夏曦紧皱眉头，示意快开枪。

随着一声枪响，名震遐迩的洪湖名将猝然倒地。

段德昌牺牲时，年仅 29 岁。这位为创建新中国而苦苦奋斗的军事奇才，蒋介石悬赏五万大洋取其首级的英雄，就这样英年早逝了！

当年的红军战士樊哲祥同志 1980 年 11 月接受采访时回忆说："段德昌是一个常胜将军，我跟他当过随从参谋。他只比我大两岁，如果不被夏曦杀掉，可能是元帅，许光达是他手下的师长，也是大将嘛。杀段德昌，还开了公审大会的，枪毙时，好多战士、代表都在场。我们不敢哭出声，因为夏曦在场。后见贺龙哭出了声，我们才敢哭，一下子都在哭啊！"

段德昌的才华、战绩和情操，给世人留下了难以磨灭的印象。他的上级、战友无不为他的英年早逝而扼腕叹息。同时，他的冤屈、遭遇过于离奇，过于典型，使他成为整个湘鄂西数以万计在内部"肃反"中蒙难者的代表。

段德昌牺牲后，湘鄂西苏区群众含泪埋葬了他的遗体，并在坟前栽下了代表他年龄的 29 颗青松。

1945 年，党中央在起草《关于若干历史问题的决议》时，任弼时详细介绍了段德昌忠于革命、坚贞不屈的事迹，闻者无不潸然落泪。同年，党的七大正式为段德昌恢复名誉。

1952 年，毛泽东给段德昌签发了中华人民共和国中央人民政府第一号烈士证。

1953 年 1 月，段德昌的遗骸被迁葬于鹤峰下坪，1962 年再迁至鹤峰满山红烈士陵园。

段德昌虽然英灵早逝，但他的音容笑貌并未随着岁月而泯灭，湘鄂西苏区的百姓，特别是洪湖老区人民一直追思缅怀"火龙将军"的事迹。龚家墩的渔民为段德昌盖起了小庙，供奉着他的牌位。小庙香火旺盛，前来烧香祭奠的人络绎不绝。他的牌位两旁抱柱上刻着一副对联：

生为民死为民为民而死虽死犹生；
爱洪湖战洪湖因湖负屈英灵常在。

后 记

功昭日月 永励后人

　　天地之间，有了生命才会芳香四溢；人生之中，有了价值，生命
之火才会燃烧不断！

　　段德昌将军是九都山土地培植、洞庭水灵气孕育的一颗光彩夺目
的将星。他是一支扑不灭的火焰，是焚毁人间地狱的火焰，是把真情
和温暖无私奉献给劳苦大众的火焰，他把革命的火种撒向了以洪湖为
中心的湘鄂西根据地，在茫茫的洪湖水浪上燃起了熊熊烈火。他开创
了中共军事史上最早的水上游击战争和平原游击战争，谱写了中国革
命战争摇曳多姿的华彩乐章。

　　段德昌是一位常胜将军。从 1927 年冬担任中共公安县委书记到
1933 年夏冤死于鹤峰金果坪，只有短短的五年多时间，段德昌这条火
龙闪跃腾挪、机动灵活、百战百胜，那高超的军事斗争艺术充分证明，
他是理论与实践兼长的军事家，是我党少有的军事奇才。

　　段德昌的一生，是追求革命真理的一生，是播撒革命火种的一生，

是叱咤风云、屡战屡胜的一生，是披肝沥胆、矢志不渝的一生。他为挽国家于危难、救民众于水火，为人民解放、民族独立、国家富强奉献了全部的忠诚、智慧和鲜血，他用自己的血肉之躯铸就了共和国的基石，书写了对祖国和人民挚诚的热爱，诠释了对党的无限忠诚。他那绝妙的军事艺术和曲折的人生轨迹，给人带来的是震撼心灵的感动与鼓舞，他那坚定的理想信念和崇高的人生境界更让我们动容。

出师未捷身先死，常使英雄泪满襟。

牢记历史，缅怀先烈，段德昌忠诚于党，热爱人民，敢于胜利，锐意进取，无私奉献；段德昌重信义，轻生死，视功名利禄如草芥，每次受挫，都毫不动摇他对革命事业的信念，忍辱负重，以出色的战绩来表明他对党的赤胆忠心。这是他给我们留下的宝贵精神财富。继承这些宝贵精神财富，不只是我们的道义与责任，更是一个国家和民族继往开来、长盛不衰的力量源泉。

段德昌的感人事迹将激励我们爱岗敬业，勇于拼搏，不断学习，努力工作，为祖国的繁荣和人民的幸福而不懈奋斗；段德昌的高尚精神将激励我们坚定不移地永远跟党走，沿着中国特色社会主义道路走向新的胜利！